Béatrice Hecht-El Minshawi

BEGEGNUNGEN RUND UM DEN GLOBUS

Artikel | Erzählungen | Reportagen

Kellner VERLAG

Dieses Buch ist bei der Deutschen Nationalbibliothek registriert. Die bibliografischen Daten können online angesehen werden:
http://dnb.d-nb.de

Impressum

Inhaber: Manuel Dotzauer e.K.
St.-Pauli-Deich 3 • 28199 Bremen
Tel. 0421 77866
info@kellnerverlag.de
www.kellnerverlag.de

Layout: Béatrice Hecht-El Minshawi
Fotos und Collagen: Béatrice Hecht-El Minshawi
Umschlag: Jennifer Chowanietz unter Verwendung eines Fotos von Béatrice Hecht-El Minshawi
Gesamtherstellung: Der DruckKellner, Bremen

ISBN 978-3-95651-338-1

Hecht • Begegnungen rund um den Globus

INHALT

REISEN IST DIE SEHNSUCHT

NACH DEM LEBEN.

K. TUCHOLSKY

Vorwort

Wir sitzen alle im gleichen Zug
und reisen quer durch die Zeit.
Wir sehen hinaus und sahen genug
und fahren alle im gleichen Zug
und keiner weiß, wie weit.[1]

Reisende sind Suchende. Oft finden sie nicht das, was sie suchen. Wenn sie überhaupt wissen, was sie suchen. Es können verlorene Träume oder Illusionen sein, die Familie, der/die Partner:in, geschätzte Werte zum Zusammenleben oder die Religion. Und vieles mehr. Verlorenes hinterlässt ein Vakuum, das nach Füllung und Erfüllung ruft. Solche Menschen habe ich getroffen. Sie sind in der Fremde auf Begegnungen angewiesen, auch um ihre Ängste zu beherrschen, die stets mitreisen und auch den Wert des Reisens ausmachen. Ängste vor dem Scheitern, vor Unfällen, Verletzungen und Krankheit. Aber daheimbleiben? Auf keinen Fall! Die Herausforderung ruft.

Ich bin sowohl allein gereist als auch mit meinem Mann oder mit anderen. Bin ich allein unterwegs, bin ich konzentrierter und aufmerksamer, kann aber die magischen Momente, die immer mal sind, niemandem Nahestehenden mitteilen. Reise ich mit jemandem zusammen, fühle ich mich in kritischen Momenten unterstützt und mutiger. Und kann das Glück teilen.

Meine Philosophie als Reisende ist, eine Sammlerin von Begegnungen und Eindrücken zu sein, von Szenen und Textfragmenten. Eine Sammlerin von Empfindungen, inneren Bildern und Erkenntnissen, die mich berühren und später beschrieben werden können.

Wer heute reist, ist mit Technik unterwegs. Auch ich genieße mein Handy mit allem, was damit möglich ist. Früher hatte ich mich daheim verabschiedet und war lange Zeit nicht erreichbar. Nur wenn ich zu Hause anrief, gab es Austausch. Heute schicke ich WhatsApps, spreche oder schreibe Textnotizen auf dem Handy, nehme Interviews auf, fotografiere und recherchiere online. Früher reiste ich mit Notizblöcken und einer Analog-Kamera und hielt mich oft in Bibliotheken auf, wenn ich Informationen über das Land suchte, in dem ich unterwegs war.

Noch heute versuche ich in der Öffentlichkeit eines fremden Landes eher undercover aufzutreten, zumindest nicht als Touristin aufzufallen, denn ich will ja in den vielen Wochen, die ich mir genehmige, nicht fremd wirken. Mit dem Handy falle ich weniger auf.

Wer reist, hat etwas zu erzählen. Auch über den Abschied vom Reiseland und über die Heimkehr. Oft fällt es mir schwer, den Flieger nach Hause zu besteigen. Sobald er aufsteigt, ist es wie ein bisschen zu sterben.

Dieses Buch besteht aus einigen Artikeln, die 2019 bis 2021 von Tageszeitungen gedruckt wurden. Aus vielen Reiseeindrücken, Erinnerungen und Berichten, aber auch aus Überlegungen, wie zum Beispiel: Wie war es damals? Dort, wo ich war und es noch keinen Krieg gab. Wie hätte es gewesen sein können? Dort, wo inzwischen die Dürre das Land unbrauchbar macht und den Menschen das Leben raubt? Es hat sich in den Jahrzehnten in den Ländern, in denen ich gereist bin, viel verändert.

Nach diversen Veröffentlichungen über kulturelle Eigenheiten in verschiedenen Ländern und Regionen sollte dieses Buch schöner werden. Keine Textwüste, sondern ästhetisch und kreativ gestaltet.

Ich hoffe, alle Leser:innen haben Freude daran.

Unterwegs sein

Blick in die Weite
Ein Baum an der Felskante
Wurzeln im Freien

Kante, das Ende
Baum, ein Sinnbild des Lebens
Blick in die Weite[2]

Meile um Meile fuhren wir im Norden Kaliforniens gemächlich einem Motorrad hinterher. Wortlos und ohne Eile genossen wir die Strecke entlang der Pazifikküste in Richtung San Francisco, bis zu einem alleinstehenden Redwood am Felsrand einer kleinen Parkbucht. Wie kam es, dass dieser Küstenmammutbaum sich hier singulär ansiedeln konnte und im Laufe seines langen Daseins etwa 70 Meter steil und gerade nach oben schaffte? Sequoias sind mit über 120 Metern die größten und ältesten Bäume der Welt, dieser hier noch lange nicht. Wurde ein Samen aus dem Norden vom Wind hierhergetragen oder durch einen Vogel abgelegt? Ist er der Letzte seiner Sippe? Es gab kein weiteres Exemplar seiner Familie in der Nachbarschaft. Wer hatte ihn anfänglich versorgt? Die vereinzelten Tannen und Laubbäume oder die hochgewachsenen Sträucher um ihn herum?

Dicht gedrängte Giant Sequoias hatten wir Tage davor 300 Meilen nördlich im Redwood-Nationalpark bestaunt. Ihre ineinander verschränkten Baumkronen wachsen gemeinsam weiter der Sonne entgegen. Darunter ist es dunkel und lässt nur spärliches Unterholz mit erdigem Duft zu. Niemand sonst war mit den ersten Sonnenstrahlen und im feuchten Dunst im Dom der Giganten unterwegs, als wir die mit Terpenen getränkte Waldluft, das mit Moos und Farnen entstandene Duftgemisch der Bäume einsaugten. Und uns winzig fühlend und still das Konzert diverser Vögel begrüßten. Sie reagierten auf uns und wir auf sie.

Hier habe ich zum ersten Mal verstanden, dass ein Wald ein großer Kommunikationsorganismus der Natur ist. Und wir in diesem Augenblick ein Teil davon. Alle Pflanzen tauschen Botschaften aus, informieren sich untereinander, bei Störungen und Angriffen helfen sie sich manchmal auch, indem sie Insekten anlocken. Dicke, raue Baumrinden sind die Quelle sekundärer Pflanzenstoffe und beweisen hier im Redwood-Nationalpark die Kraft des Überlebens. Ich komme wieder, flüsterte ich vor vierzig Jahren zum Abschied. »Und in den Wald gehe ich, um meinen Verstand zu verlieren und meine Seele zu finden«, sagt John Muir.[3]

Die Mammutbäume sind, wie andere auch, aufeinander angewiesen, kommunizieren und halten zusammen. Die Botenstoffe, die sie ausströmen, sind ihnen Medizin und Orientierung, wie uns auch. Wenn einer kränkelt, wird er biologisch, physikalisch und chemisch über das Geflecht von Pilzfäden und Wurzeln mit Nährstoffen und Informationen versorgt. Nur die, die weitergeben, überleben. Brände 2020 in Kalifornien und Wassermangel haben gezeigt, dass Bäume ihren individuellen Wasserverbrauch erst einmal reduzieren und auf die Gemeinschaft verteilen, so dass möglichst viele überleben können.

Mit dem Campinggepäck im Wagen war es möglich, Kaffee zu kochen. Kaum sprudelte das Wasser, als das Motorrad nicht weit von uns parkte und die Fahrerin abstieg. »Die kommt auch aus Bremen!«, rief ich, als ich das Kennzeichen erkannte. Sie musste uns beobachtet haben und zurückgefahren sein und war froh, mit uns Kaffee trinken zu können. Natürlich plauderten wir über Bremen und unsere Touren. Sie kam aus Alaska und wollte noch lange Richtung Süden bis Feuerland unterwegs sein. Der Kontinent ist groß und die Panamericana mit ihren 30.000 Kilometern zieht sich hin.

Um die Welt zu fliegen oder mit dem Schiff zu reisen, ist nichts Neues. Aber es gibt auch Menschen, die segeln oder radeln um die Welt oder sind eben mit dem

Motorrad auf dem fast 40.000 Kilometer langen Erdumfang unterwegs. Andere rennen oder laufen von einem Land zum anderen, manche trampen sogar mit einem Baby im Tragekorb auf dem Rücken oder fliegen mit Heißluftballons, soweit sie kommen. Außerdem kann man Rollstuhlfahrer auf großer Tour treffen und sehr viele mit Autos für Welttouren, die irgendwann an andere Reisende weitergegeben werden. Die Erde ist groß und doch klein genug. Man kann es schaffen. Alles ist eine Frage von Gesundheit und sich Zeit nehmen, von Passion und Wagemut, Energie und auch ein bisschen Geld.

Dann gibt es noch Menschen, die zwar in jungen Jahren sehr abenteuerlich gereist sind, aber irgendwann Bus- beziehungsweise Schiffsreisen bevorzugen. Andere entscheiden sich für Bahnreisen. Immer mehr Menschen leisten es sich zu reisen. Reisearten haben sich in den letzten siebzig Jahren sehr verändert und werden sich zukünftig an die ökologische Lebenssituation anpassen müssen.

Es war einmal

Gut zu reisen
ist besser als anzukommen.
Buddha

Damals, in den Sechzigern, ließ man sich die Flüge im Reisebüro organisieren, und Fliegen war ein Abenteuer. Fliegen war denjenigen vorbehalten, die zum Arbeiten in die Ferne reisten, nur wenige waren aus touristischem Ansporn unterwegs und über CO_2 sprach noch niemand.

Später wurde Fliegen gewöhnlich, und langweilig die Wartezeiten in den Flughäfen. Menschen, die im Ausland zu tun hatten, waren unterwegs. Ich auch. Unser Leben wurde globaler, Tätigkeiten internationaler und Businessleute flogen hin und her. Wenn ich unterwegs war, blieb ich einige Jahre, Monate oder zumindest mehrere Wochen in Projekten und hängte an die berufliche Tätigkeit im Ausland den Urlaub an.

Dann kamen die Billigangebote der Airlines und der Schifffahrtsgesellschaften und folglich der Massentourismus. Viele waren gerne mit dem Flieger mal eben übers Wochenende unterwegs, ohne über den CO_2-Verbrauch nachzudenken. Die Diskussionen über zu viele Autos, Fleisch, Plastik, Hausdämmung, Umweltverschmutzung, Treibhausgase, Klimawandel, Erderwärmung, abbrechende Eisberge, Ökostrom, ökologischer Fußabdruck, über Klimaflüchtlinge und vieles mehr zogen in unsere Sprache ein, motivierten einige zum Nachdenken über den Zusammenhang der Lebensverhältnisse in den reichen und armen Ländern, auch über den Überfluss in unserer Wegwerfgesellschaft, und wenige zum konsequenten Handeln.

Anfänglich fast unbemerkt wurde 2005 Atmosfair[4] gegründet. Inzwischen gibt es mehrere solcher Organisationen, bei denen man einen Ausgleich gegen den individuellen CO_2-Verbrauch zahlen kann, der sich etwa durch Flüge und den sonstigen jährlichen CO_2-Ausstoß sammelt. Atmosfair unterstützt mit dem Geld internationale Projekte, wie zum Beispiel Umweltbildung, die Förderung von Biogasanlagen, Solarkochern, Wasser- und Windkraft. Auf der Website von Atmosfair kann man sich bei Flugtickets den CO_2-Fußabdruck je nach Entfernung, Sitzklasse, Flugart (Kurz- und Langstrecke oder mit Stopps) und Flugzeugtyp ausrechnen. Solche Kompensation von CO_2-Emission ist nur die zweitbeste Lösung. Aber immerhin. Weniger zu fliegen wäre besser. Wer kompensieren möchte, findet mehrere Agenturen, die informieren.

Heute, in den 2020er-Jahren, sehen wir uns weltweit durch Corona bedroht. Wir werden trotzdem weiterhin international leben und in der Globalisierung mitmischen. Es werden Menschen zu uns kommen, wir werden woandershin reisen. Dennoch können wir als umweltbewusste Personen überlegen, was wir für den Schutz unseres Planeten tun können. Manche benutzen weiterhin Plastik, andere wollen auf das Auto nicht verzichten. Einige werden zwar ihren Klimaverbrauchsalltag konsequent bereinigen, und da ist viel zu tun, und werden trotzdem wieder fliegen. Auf das Gegensteuern und die Balance kommt es an.[5]

Wir leben in einer Welt und sind miteinander verbunden. Was wir im Norden tun oder lassen, hat Einfluss auf das Leben der Menschen im Süden und umgekehrt.

Ausschnitt aus einem Poem in arabischer Kalligraphie

AUSWIRKUNGEN IM GLOBALEN SÜDEN

Reisen hilft
über den eigenen Tellerrand hinwegzuschauen
und mit unseren Vorurteilen aufzuräumen.
Christopher Schacht[6]

Klimaveränderungen werden auf allen Kontinenten beobachtet, nicht nur in der Arktis und Antarktis. In vielen Ländern bin ich gereist und die Austrocknung der Flüsse und Anbauflächen war in den letzten beiden Jahrzehnten nicht zu übersehen. Die Haut der Erde ist verletzt, trocknet aus und platzt auf. Wir sitzen in einem Boot mit der Weltgemeinschaft, wenn es um zerstörte Ökosysteme geht, die unser aller Lebensgrundlagen sind. Aber uns Menschen geht es unterschiedlich, auch nach der Ausbreitung der Corona-Pandemie. Da sitzen wir nicht zusammen in einem Boot, die Weltgemeinschaft teilt sich wieder in den globalen Norden und den globalen Süden.

Als globaler Süden werden politisch, wirtschaftlich und gesellschaftlich benachteiligte Länder hauptsächlich in Afrika, Asien, in Latein- und Südamerika bezeichnet, die in der globalisierten Welt verschieden ausgeprägt sind. Die Einteilung globaler Norden und globaler Süden bezieht sich auf die ungleiche Erfahrung mit Kolonialismus und Ausbeutung, einmal als Profitierende und einmal als Ausgebeutete. »Mit dem Begriffspaar wird versucht, unterschiedliche politische Positionen in einem globalen Kontext zu benennen.«[7]

»Menschen, deren Lebensgrundlage zerstört ist, hungern, es treibt sie fort«, sagt Frau Abe aus Botsuana, die in Gaborone in der Stadtverwaltung tätig ist. »Was nutzen da die 17 UN-Ziele für Wohlstand und Entwicklung?« Die meisten der jährlich 20 Millionen Klimaflüchtlinge, die unterwegs sind, sind in diesen Ländern beheimatet, die sie wegen klimabedingter Schäden verlassen müssen.[8] Da lassen sich die 17 Ziele der Vereinten Nationen für eine nachhaltige Entwicklung nicht einfach realisieren, die zu einem neuen Verständnis von Wohlstand und Entwicklung beitragen sollen. »Denn«, sagt Dr. Gerd Müller: »Hunger ist und bleibt der größte vermeidbare Skandal. Wir haben die Mittel und das Wissen, um alle Menschen auf unserem Planeten zu ernähren.«[9] 193 Länder der Vereinten Nationen haben sich 2015 auf einen Zukunftsvertrag zur »Transforming our world: the 2030 Agenda for Sustainable Development«[10] verständigt, die zum Wohle der Länder des globalen Südens und der Weltgemeinschaft beitragen soll. »Ebenso fördern die Ziele für eine nachhaltige Zukunft den Zugang zu Bildung und Gesundheitsinfrastruktur für alle Menschen.«[11] Frau Abe aus Simbabwe fragt mich: »Wie soll auf ausgedörrtem Boden eine gesunde Ernährung und ein Leben frei von Armut möglich sein? Das Gegenteil ist üblich: Wer bleibt, verharrt in den Verhältnissen, hat keine Arbeit, leidet Hunger, hat kein sauberes Wasser, wird krank, hat keine Chancen auf Bildung, ist von Kämpfen und Krieg bedroht und hat keine starken Partner oder Institutionen, die unterstützen und gemeinsam einen neuen Weg ermöglichen könnten. Aber, wer geht, kann Wege zum Überleben finden. Ich motiviere vorübergehend im Norden zu leben und ausgebildet zurückzukommen.« Das sind Worte einer klugen Frau.

Aus einer Künstlerwerkstatt in Dar es Salaam

WAS HAT DAS MIT UNS ZU TUN?

Wir leben in günstigeren klimatischen Regionen und in friedlichen Verhältnissen. Noch. Dennoch trägt unser Lebensstil dazu bei, Menschen in anderen Regionen der Welt weiterhin in Ungleichheit zu halten.

Man muss sich inzwischen fragen, welche Reiseart beziehungsweise welches Verkehrsmittel das umweltfreundlichste ist. Fliegen und mit großen Kreuzfahrt- und Frachtschiffen zu reisen ist jedenfalls sehr CO_2-belastend und somit laut Umweltamt schlechter fürs Klima als Bahnfahren, das weniger Treibhausgase verursacht. Reisebusse gehören zu den saubersten Verkehrsmitteln, abgesehen vom Radfahren oder Gehen. Ich kann mich inzwischen mehr für lange Bahnreisen begeistern, weil so zu reisen meist sehr bequem und nebenbei umweltfreundlich ist. Jedenfalls sind Bahnreisen neben den Busreisen eine vernünftige Reiseart und können sogar romantisch sein. Reisen per Bahn kann entschleunigen, Nachtzüge bieten auf langen Strecken durchaus eine Alternative zum Fliegen. In Deutschland und Europa lässt es sich auf prominenten Strecken beim Schlafen trefflich reisen.[12] In anderen Kontinenten auch.

Um ökologisch zu reisen, sollten die Tickets nicht teurer sein als Flugscheine für die gleiche Strecke. Dennoch: Nicht jede Bahnreise ist emissionsreduziert.

Aus einer Künstlerwerkstatt in Dar es Salaam

Menschen unterwegs

The shortest way to yourself
is around the world.[13]

Menschen aus dem Süden reisen in den Norden. Menschen aus dem Norden in den Süden. Reisegründe sind sehr verschieden.

Ich war als Auslandsmitarbeiterin unterwegs, oder für Recherchen meiner interkulturellen Arbeit und für Bücher. Ich bin auf unterschiedlichen Wegen gereist und in verschiedener Art und Weise. Zuletzt mit Zügen durch Afrika und auch durch die Vereinigten Staaten von Amerika, als die Waggons durch Wälder und Dschungel, über Hochebenen und durch Schluchten ratterten und in den Tunneln die Ohren sausten. Die Passagiere genossen die großartigen Ausblicke und dachten bei so einem Abenteuer nicht an Verspätungen. Was macht eine Stunde Verspätung nach Tausenden von Kilometern schon aus, wenn die Bahnreise ein Stück Lebensreise ist.

Zugegeben, die von einer Agentur[14] unterstützte Reise durch das südliche Afrika von Dar Es Salaam in

Tansania bis Kapstadt in Südafrika war ein besonderes Abenteuer. Ich wusste, jede weitere Bahnreise würde nicht so luxuriös sein.

Ich habe auf meinen Reisen durch diverse Länder im globalen Süden mit vielen Frauen und Männern gesprochen. Nach meiner Einschätzung geht es der Minderheit der Frauen gut. Viele haben Mühe zu überleben und ihre Kinder zu versorgen, wie Antoinette und Tamara in Kapstadt. Darüber später.

Andere leben beziehungsweise lebten in noch desolateren Verhältnissen, wie Violette und Augustine, die es einst wegen politischer Unruhen nach Deutschland verschlagen hatte. Und Ayana, die auf ihrem ausgetrockneten Landstreifen in Äthiopien nicht mehr leben konnte. Oder Yukiko, die nach dem Umweltdesaster in Japan geflohen ist. Über diese Frauen werde ich erzählen. Die Folgen ungleicher Lebensbedingungen zwischen dem globalen Norden und dem globalen Süden vertreiben viele Menschen. Wir müssen davon ausgehen, dass sich für uns alles verändern wird, wenn das Trinkwasser nicht mehr reicht, wenn das Massensterben der Tiere und Pflanzen zunimmt, wenn sich der Kampf um die Versorgung der Menschen zuspitzt. Wen wundert es da, dass sich immer mehr für ein besseres Leben auf den Weg nach Europa machen?

Aus der Zukunft zurückblickend werden wir diese Misere als die universelle lebenszerstörende Katastrophe erkennen, Epidemien und die Pandemie hingegen werden als ein Ausnahmezustand in Erinnerung bleiben. Wie würde der Rückblick aber aussehen, wenn wir es schaffen könnten, nicht Weltzerstörung, Armut und Chaos zu hinterlassen, sondern gute Lebensbedingungen für alle und somit eine Erneuerung für die Weltgemeinschaft zu bewirken?

Violette und Maxwell

Die Republik Gambia liegt in Westafrika und vom Atlantischen Ozean aus betrachtet wie ein Appendix im Staate Senegal. Der Fluss Gambia und seine Nebenarme sind die Quelle des Lebens im gesamten Streifen. Noch im 18. Jahrhundert stritten sich Frankreich und England um die ökonomische Nutzung und Kontrolle der Flüsse in beiden Ländern. 1888 wurde Gambia Teil der britischen Kolonie innerhalb der französischen Kolonie Senegal. Wie immer wird das Wasser der Flüsse extensiv für die Landwirtschaft genutzt. Die tropische Klimazone sorgt außerdem für regelmäßige Feuchtigkeit.

1960 wurde das Frauenwahlrecht eingeführt. Fünf Jahre danach wurde der Staat ein Mitglied im Commonwealth of Nations. Das kleine Land durchlief verschiedene Phasen britischer Kolonialgeschichte, bis es 1970 eine Republik innerhalb des Commonwealth wurde. Die Welt schaute auf Gambia, denn das Land galt ein paar Jahre lang als Vorbild afrikanischer Demokratien mit Pressefreiheit, geringer Kriminalität und wenig Repressalien. Frauen und religiöse Minderheiten waren akzeptiert, zumindest offiziell.

Dann änderte sich die Situation aufgrund innenpolitischer Auseinandersetzungen und verschärfte sich nach der geringen und minderwertigen Erdnussernte 1981. Viele Familien hatten über Jahre kein Einkommen und verarmten. Der blutige Putsch im gleichen Jahr führte in einen mehrjährigen Ausnahmezustand. Jüngere Männer und Frauen verließen das Land, um woanders ihr Glück zu suchen. 2013 trat Gambia aus dem Commonwealth aus.

Im Herbst 1992 macht sich die 18-jährige Violette auf den Weg von Gambia in West-Afrika nach England. Sie ist am Rande der Hauptstadt Banjul aufgewachsen. Ihre christliche Familie gehört, wie auch traditionelle indigene afrikanische Gruppen, der Minderheit an, mehr als 90 Prozent der Einwohner Gambias sind Muslime.

Violette ist das erste Kind der Familie, sie hat drei Brüder und vier Schwestern. Als Älteste wird sie zur Reise nach Europa auserwählt, vielleicht auch bedrängt. In London will sie eine Arbeit finden, mit ihrem Einkommen die Familie ernähren und dem ältesten Bruder eine Ausbildung ermöglichen. Violette hat vier Jahre die Schule besucht und dann peu-à-peu im ländlichen Betrieb ihrer Eltern mehr Aufgaben übernommen, als sie sowieso schon hatte.

Sie ist im Auto mit einem Nachbarehepaar mehr als zehn Tage von Banjul durch den Senegal am Atlantischen Ozean entlang bis Gibraltar, durch Spanien und Frankreich bis nach München gereist. Bei Ankunft kann sie sich kaum mehr spüren und ist tagelang wie benommen. Nach London schafft sie es nicht, unterwegs bleibt sie in Deutschland hängen.

In München findet die fröhliche Afrikanerin schließlich einen Job in einer Kneipe. Weil sie nur Englisch und Mandinka spricht, kann sie nur in der Küche Geschirr spülen. Als ihr Touristenvisum abläuft und sie illegal in München lebt, steigt die Angst, von der Ausländerpolizei erwischt zu werden. Vom ersten Tag ihres Aufenthaltes in Süddeutschland verfolgt sie die Abschiebung afrikanischer Freund:innen. Nervös und unruhig lebt die junge Frau inzwischen fast panisch vor Angst. Schlafen kann sie schon lange nicht mehr gut, und auf der Straße möchte sie sich nicht sehen lassen und zieht deshalb ihre dicke Mütze tief in die Stirn. Noch hat sie nicht genug Geld verdient, um weiter nach England zu reisen oder nach Hause zu fliegen. »Was sollen die Eltern sagen, wenn ich mit wenig Geld heimkomme, wo sie doch ein Feld verkaufen und Geld leihen mussten, um meine Reise nach Europa zu ermöglichen?«, berichtet sie traurig. Violette hatte am Anfang keine Ahnung, wie schwierig es in Europa sein würde, Arbeit zu finden und Geld zu verdienen.

Nach einigen Monaten trifft sie einen netten Deutschen, der um sie wirbt. Es dauert drei Tage, bis die Frau dem Mann nachgibt und eine Nacht mit ihm verbringt. Zwei Wochen lang treffen sich die beiden nachmittags in Violettes Bude, die sie sich mit anderen Frauen teilt. Nie sieht sie, wo er wohnt. Doch der blonde Mann spricht von einem gemeinsamen Leben, und Violette gerät immer mehr in Konflikte. Seine Träume tun gut, aber sie hat mit ihrer Familie ein Ziel festgelegt und andere Aufgaben zu erledigen.

Eines Tages wird sie jäh von ihrer rosaroten Wolke gerissen. Die Ausländerpolizei ist ihr auf der Spur und Violette sucht über Nacht ihren Freund. Sie hat keine Ahnung, wo sie ihn finden kann. Aus Angst verlässt sie ihre Arbeitsstelle und flüchtet schließlich nach Norddeutschland zu einer Freundin.

Langsam wird der jungen Frau klar, dass sie ein Kind erwartet. Mehr denn je befindet sie sich im Konflikt durch die Abmachung mit ihren Eltern, für die Familie zu Hause Geld zu besorgen. Aus Scham hört sie auf, Briefe zu schreiben, schließlich möchte sie ihrer Familie keinen zusätzlichen Kummer bereiten.

Auch in Norddeutschland lässt ihr die Ausländerpolizei keine Ruhe und Violette sucht in ihrer größten Not in München nach dem Vater des Kindes. Niemand hatte ihn mehr gesehen. Eine Heirat hätte ihre Abschiebung aufhalten können. »Das Baby hat so ein hartes Leben nicht verdient, es sollte wenigstens beim Vater bleiben können, auch wenn er mich nicht heiratet«, wünscht sich die junge Mutter, als sie kurz vor der Entbindung auf die Suche geht. Deprimiert kehrt sie in den Norden zurück. Bevor Maxwell in der gleichen Nacht geboren wird, gibt Violette ihren Erstgeborenen zur Adoption frei.

Zehn Tage später wird sie schließlich ins Flugzeug nach Gambia gesetzt.

Wir konnten uns nicht verabschieden. Manchmal denke ich an Violette und hoffe, dass sie ein erträgliches Leben führen kann.

Es gibt viele ähnliche Schicksale von Frauen, auch von Männern, die vor Jahren schon ihr Glück in Europa suchten. Manche scheiterten, andere fanden Wege für ein besseres Leben für sich und die Familie daheim. Wer in Not lebt, verlässt nicht gerne die Heimat. Oft bleibt kein anderer Ausweg.

Augustine und August

Die Demokratische Republik Kongo ist ein Vielvölkerstaat in Zentralafrika. Belgiens König Leopold II machte 1885 das Land zu seinem Privatbesitz. Er herrschte brutal und plünderte Elfenbein, Kautschuk und Kupfer. Nach der Unabhängigkeit 1960 wurde das Land sich selbst überlassen, die Reichtümer hat Belgien behalten.

Im Zuge der ›Afrikanisierung‹ der Namen wurde das Land ab 1971 Zaire genannt und bis 1997 von Mobutu Sese Seko regiert. Misswirtschaft und Korruption der höchsten Politiker:innen, vornean Mobuto, brachten Not und Elend. Die Unzufriedenheit der Bevölkerung wuchs von Jahr zu Jahr und führte zu Aufständen. Der Völkermord 1994 in Ruanda und später die Besetzung Ostzaires durch die Tutsi verschärften die Unruhen. Flüchtlingsströme aus Ruanda und Burundi heizten den Bürgerkrieg an.

1997 kam es zum Sturz des kranken und international inzwischen verachteten Mobutu. Zaire wurde unter Laurent Désiré Kabila in Demokratische Republik Kongo umbenannt. Das Land kam nicht zur Ruhe und die Bevölkerung litt. Immer mehr Menschen gingen für Demokratie, Arbeit und Essen auf die Straße. Tausende wurden niedergeknüppelt und inhaftiert. Viele verschwanden einfach. Systematische Vergewaltigungen an Frauen jeden Alters, man spricht von 10.000 bis nach inoffiziellen Schätzungen sogar 50.000, waren ein Mittel der Machtausübung und Kriegsführung. 2001 starb Kabila infolge eines Attentats, und sein Sohn Joseph übernahm die Präsidentschaft bis 2019. Nachfolger und heutiger Präsident der Demokratischen Republik Kongo ist Félix Antoine Tshisekedi Tshilombo.

Konflikte einiger Völker im Nordosten führten ab 1999 zu Massakern zwischen den Stämmen der bäuerlichen Lendu und der Viehzüchter, die Hema. Sie sind noch nicht befriedet. Im Gegenteil: Bei aufbrechenden Konflikten 2017 und im Frühjahr 2020 ging es nach wie vor um Landrechte und politischen Einfluss, aber auch um Hintermänner, Politiker und Rohstoffhändler, die Geschäfte mit den riesigen Bodenschätzen des Ostkongo machen.

Die folgende Geschichte von Augustine fängt in Bunia an, der Hauptstadt der Provinz Ituri im Nordosten der Demokratischen Republik Kongo, wo viele Flüchtlinge in Lagern leben.

Im Sommer 2000 steht die fast zwanzigjährige Augustine mit gesenktem Kopf vor unserem Haus. In einem dunklen Kleid und den Kopf voller Zöpfchen, zierlich, schüchtern, allein. Außer einen kleinen Rucksack hat sie nichts dabei, aber schon einen langen Weg hinter sich.

Die junge Frau stammt aus einem Dorf in der Nähe von Bunia. Sie hat acht Jahre Schule neben ihren Tätigkeiten im Haushalt und auf dem Felde gemeistert. Ihre drei jüngeren Geschwister sind noch nicht so weit. Die Eltern haben ein Stück Land, auf dem sie Gemüse und Früchte anbauen, Produkte, die sie wöchentlich auf den Märkten anbieten und mit den Einnahmen bislang ganz gut überleben, wenn der Vater sein Gehalt aus der Stadt wie so oft nicht ausbezahlt bekommt.

Nach den Schuljahren fährt die fast fünfzehnjährige Augustine täglich frühmorgens nach Bunia, bringt einige Produkte zu ihrer Tante auf den Markt und geht dann in ein Hotel, in dem sie im Minutentakt die Zimmer aufräumt und reinigt. Am späten Nachmittag holt sie die Einnahmen der verkauften Früchte ab und fährt wieder nach Hause.

Sie würde Geld für ihre Familie verdienen, dachte sie damals, als sie 1996 damit begann. Die Geschwister würden weiterhin zur Schule gehen und danach eine Ausbildung haben. Sie würde genug Geld sammeln, um eine Familie zu gründen und von ihrem Mann unabhängig zu sein. Den Mann gibt es bereits im Nachbardorf, sie hatten sich schon öfter mal gesehen.

In der Stadt trifft sie andere Männer, die auch im Hotel tätig sind, und nach etwa eineinhalb Jahren verliebt sie sich in August. Nicht nur ihre Namen würden sie auf immer verbinden, auch die Wertschätzung und Zuneigung, die er ihr zeigt. Mit ihm würde das Leben sinnvoll sein, träumt sie. Aber ihre Familie und die anderen im Dorf dürfen von August nichts wissen.

1999 geraten die Stämme der Hema und Lendu in erste Auseinandersetzungen. In der Provinz Ituri und selbst im Dorf gibt es Feindseligkeiten, in Bunia Kämpfe auf den Straßen. Die Welt ahnt noch nicht, was daraus werden würde.

Augustine und August verlieren ihre Arbeit im Hotel und träumen von einem gemeinsamen Leben in der Hauptstadt Kinshasa. Sie würden wieder Arbeit finden, heiraten, Kinder haben, sich um die Eltern kümmern und gut leben. Das sind ihre Ziele. Die Familien wissen nichts von der Liebschaft der beiden. Während sich das Paar mit dem Bus die 3.000 Kilometer von Bunia nach Kinshasa aufmacht und dort nach Arbeit sucht, nimmt der Konflikt zwischen den Milizen der Ethnien im Nordosten zu. Bald ist den beiden die Rückkehr in die Provinz versperrt. Und die Hauptstadt ist voll von Flüchtlingen aus Burundi und Ruanda, die Arbeit suchen und in Flüchtlingslagern leben. Die Unzufriedenheit der Bevölkerung wird auf der Straße mit autokratischer Macht niedergeschlagen.

Irgendwann trifft es Augustine, die, weil sie an einer Demonstration vorbeiläuft, mit dem Pulk inhaftiert wird. Freunde und Familie, niemand weiß, wo sie sich befindet. Nach zwei Monaten Aufenthalt in der Gemeinschaftszelle wird sie in Einzelhaft verbannt. Alle zwei Tage wird sie verhört, nennt aber keine Namen von Freunden, wird jedes Mal geschlagen, oft vergewaltigt und manchmal werden ihr sogar Elektroden angesetzt. Sie bekommt nicht mehr regelmäßig zu essen und keine Nachrichten von draußen. Augustine fühlt sich miserabel: verschleppt, vergessen, gedemütigt und krank wegen der Folter und Einsamkeit. Den einzigen Kontakt, den sie hat, ist der zu den Schändern. Die junge Frau merkt, dass sie schwanger ist und ist verzweifelt und hilflos.

Nach fast sechs Monaten bekommen die Eltern im Dorf einen kurzen Brief. Sie sei im Gefängnis in Kinshasa und könne, wenn man dem Wärter XY Geld gäbe, freigelassen und nach Europa gebracht werden. Die geforderte Summe ist für die erschrockenen und verängstigten Eltern zunächst nicht aufzubringen. Drei Monate später erfährt Augustine, dass ihre Eltern den größten Teil der Felder verkauft haben, um das Flugticket nach Europa zu besorgen und den Beamten zu bestechen, ihre Tochter ins Flugzeug zu bringen. Das Freikaufen ist sehr teuer. Die Eltern leben mit drei jüngeren Kindern auf dem Land, der Vater ist zwar Beamter, bekommt aber seit

Monaten keinen Lohn ausgezahlt und die Familie verarmt. Das weiß auch Augustine. Was für ein hoher Preis: die Freiheit einer Person gegen die Verarmung einer ganzen Familie! Und was für eine Last für Augustine! Ihr Vater hofft, dass seine Tochter in Europa Geld verdienen und der Familie zu Hause helfen würde.

Eines Nachts kommt jemand in die Zelle und fordert sie auf, sich zu waschen, saubere Kleider anzuziehen und mit einem der Vergewaltiger mitzukommen. Alles ist geheimnisvoll und sie hat schreckliche Angst. Der Beamte bringt sie zum Flughafen.

Hinter einer Glaswand erkennt sie ihre weinenden Eltern, bevor sie in ein wartendes Flugzeug gesetzt wird. Der Gefängniswärter übergibt sie dem Steward und verschwindet. Zwei Stunden später füllt sich die Maschine und bringt die Afrikanerin nach Frankfurt. Sie sitzt festgebunden, darf mit niemandem sprechen, hat nichts zu trinken oder zu essen und nur ihren kleinen Rucksack bei sich. Augustine lässt alles geschehen. Benommen und traurig übersteht sie die vielen Stunden bis Frankfurt, und weil sie sich auf der Welt nicht auskennt, weiß sie nach ihrer Ankunft nicht, wie die beiden Orte der Zwischenlandung heißen. Kraftlos hält sie ihren schwellenden Bauch und weiß, dass sie für dieses Kind Verantwortung tragen wird. Noch im Flughafengebäude in Frankfurt möchte sie um politisches Asyl bitten und hat keine

Ahnung, wie das geht und was auf sie zukommt. Im Büro sitzen Männer, die sie befragen. Sie weiß nicht, was sie sagen muss, was sie sagen kann oder doch besser für sich behält. Sie berichtet von den Nöten der Menschen daheim, den Demonstrationen, von verschwundenen Freunden und ihrer Zeit im Gefängnis, aber verschweigt die ›Schande‹.

Nach mehreren Tagen und Befragungen kommt sie nach Bremen und wird gleich wieder ausgehorcht. Im Beratungszimmer sitzt ein Deutscher, der, als Augustine eintritt, aufsteht, auf die Frau zukommt, kräftig ihre Hand schüttelt und so seine gesamte männliche Größe präsentiert, bevor er sich wieder hinter seinen mächtigen Schreibtisch setzt. »Nehmen Sie Platz«, fordert er sie auf und deutet auf den Stuhl in der einen Ecke. »Ich bin gleich so weit.« Die junge Frau ist unsicher, setzt sich aber doch hin und betrachtet heimlich den gesenkten Kopf des emsig schreibenden Mannes. Ihr Blick schweift über die Akten auf dem Schreibtisch, vorbei an der Tasse mit den Kaffeeflecken, am angebissenen Apfel auf dem Butterbrotpapier und landet auf dem Poster an der Wand, auf dem steht »Guck mal übern Tellerrand«. Deutsch kann sie nicht und hat keine Ahnung, was das bedeutet.

In Bremen trifft die junge, traumatisierte Frau Französisch sprechende Menschen aus Afrika, auch aus Zaire und sogar aus ihrer Provinz. Sie wird versorgt und bekommt viele Tipps, um ihren Asylvorgang zu beeinflussen. Mit dicker werdendem Bauch kann sie in der Unterkunft – ein Zimmer mit sechs Stapelbetten für Männer, Frauen und Kinder – nicht mehr bleiben. Sie erfährt von der Caritas und geht in die Beratung. Die ›Schande‹ lässt sich nicht mehr verbergen, aber wo sie entbinden und wie es weitergehen soll, weiß sie nicht. Soll sie sich auf das Kind freuen? Ein Kind der ›Schande‹. An August denkt sie oft. Er würde ihr helfen, vielleicht sogar das Kind anerkennen. Allein würde sie keine Kraft haben, ein Baby zu versorgen. Schon jetzt vermisst sie ihre Eltern und Geschwister und fühlt sich als junge Mutter hilflos, weil sie die sozialen Kontakte, die zu Hause zur Verfügung stehen, in Bremen nicht hat. Dennoch freut sie sich auf das Kind, das ihrem Leben einen Sinn geben wird. Dann kommt es im siebten Monat zur Totgeburt, weil ein Bus auf dem Weg zur Frauenärztin plötzlich stark bremst und Augustine auf den Bauch fällt.

Als sie schließlich vor unserer Tür steht und wir sie aufnehmen, bricht sie auf dem Bett liegend zusammen, schreit und weint in ihrer Sprache und erzählt mir peu à peu ihre Geschichte. Bei uns ist sie in Sicherheit und bekommt regelmäßig Besuch ihrer Freunde aus Zaire.

In unserer Straße leben ausschließlich Weiße. Da fällt eine schwarze Frau schon auf, besonders, wenn sie frühmorgens den Platz vor dem Haus kehrt, wie täglich im Dorf. »Das muss so sein«, erzählt sie mir: »Sonst würden alle, die das Haus betreten, Schmutz hineintragen.«

Eines Tages klingelt ein etwa 25-jähriger Afrikaner, der sich auf der Suche nach seiner Freundin bis zu uns durchgefragt hatte. »Sind sie August?«, frage ich und seine Augen funkeln. Er wundert sich, dass ich seinen Namen kenne und ich bitte ihn rein. Augustine erzähle ich, dass ein besonderer Gast aus ihrer Heimat gekommen sei, er würde sich sehr freuen, sie zu treffen. Was für ein Fest!

Sechs Monate danach wird Augustines Asylverfahren abgelehnt. August hält sich illegal auf. Die junge Frau soll innerhalb einer Woche Deutschland verlassen oder zwangsweise mit dem Flieger nach Hause gebracht werden. Beide wollen ins ehemalige Kolonialland Belgien. Dort würden sie in der Diaspora, in der größten Community im Ausland lebender Zairer, sein und vielleicht sogar Verwandte treffen.

Augustine umarmt mich zum Abschied und flüstert mir ins Ohr: »Mit August wird mein Leben sinnvoll sein. Wir werden wieder Arbeit finden, endlich heiraten, Kinder haben, uns um die Familien zu Hause kümmern und gut leben.«

Fünf Monate später bringt uns ein junger Afrikaner einen dicken, bunten Blumenstrauß mit »Grüßen aus Brüssel« und zum »Dank für die Unterstützung und für das Geld«, das wir den beiden mit auf den Weg gegeben haben.

Afrika ist ein riesiger Kontinent, hundertmal so groß wie Deutschland, mit sehr verschiedenen Ländern und Kulturen der vielen Völker. 3.000 Sprachen werden gesprochen. Jede Person aus Afrika berichtet von anderen Erlebnissen und auch jede Person, die in einem Land oder einer Region Afrikas gereist ist, erzählt ihre individuellen Geschichten. So wie ich über meine Reise im südlichen Afrika und über die in Südafrika.

Mehr Afrika geht nicht

Reich ist,
wer weiß, dass er genug hat.
Christoph Schacht[15]

Schwarze Autos verraten, dass das Hotel in Dar es Salaam first class sein muss. Jeder Mercedes trägt eine Standarte, die Regenten aus Tansania, Südafrika, Lesotho und von den Komoren sind im Hotel.

Mitte August, Sonntagmorgen, die Sonne strahlt auf die Limousinen, die von den Fahrer:innen poliert werden. Die Regierungschefs hatten sich für zwei Tage im Hotel verabredet, bleiben aber vier und die Fahrer:innen sind stets bereit, ihre noblen Herren sofort zum Flughafen zu bringen. Deshalb werden alle Gäste beim Eintreten ins Hotel zwei Mal überprüft und die Taschen durchleuchtet.

Schick gekleidete Frauen und Männer beim Frühstück. Besonders die Frauen, elegant in bunten Batikstoffen, High Heels, sorgfältig bezopft, frisiert, geschminkt, geschmückt. Kein dunkler Businessanzug. Eine bunte Flut von Frauen mit Freude an Darstellung genießt ihre Weiblichkeit, keine Frage. Der Geräuschpegel wird von den einhundert Menschen im Raum angeheizt. Wir beide sind die einzigen Weißen, staunen und lauschen und verstehen unser Wort nicht mehr, können aber aus den angeregten Gesprächen an den Nebentischen erfahren, dass für das Wochenende Delegierte zu einer kontinentalen Afrikakonferenz kamen. Alle scheinen in leitender Position zu sein. Von den Staatslenkern und ihren Leuten ist nichts zu sehen, sie alle halten sich in der obersten Etage des Hotels auf und werden dort versorgt.

Zugreisen in Afrika erfüllen offenbar Sehnsüchte: »Es muss noch einmal sein«, erklärt jemand, der wohl schon mal an Bord war. Und eine ebenfalls mitreisende Frau meint: »Mir geht das Herz auf! Die Menschen da draußen! Die Frauen, die einen mit vollen Körben auf dem Kopf und Kleinkindern am Rücken so freundlich anstrahlen!«

Und wir? Wir sitzen hier drinnen, wir sind in einem Luxuszug unterwegs, der eine Reiseform zelebriert, die oft im krassen Gegensatz zu den Verhältnissen der durchreisten Gegenden steht, in denen die Menschen manches mit dem Eselskarren erledigen, vieles zu Fuß. Und so sagt ein weiterer Passagier: »Wenn sie uns Bleichgesichter im noblen Zug sehen, bestätigen wir ihre Bilder über uns: weiße, reiche Leute!«

Andererseits werden wir auf unseren 6.000 Kilometern einmal quer über den Kontinent öfters aussteigen und nicht nur die obligatorischen Safaritourist:innen geben, sondern Menschen kennen und schätzen lernen, in die Kultur und die Geschichte eintauchen können.

Über Gleise wird es durch Tansania, Sambia, Simbabwe, Botsuana und Südafrika gehen. Es wird Vorträge über die Länder geben. Und idealerweise bekommen wir ein Gefühl für Afrika, wie es in so kurzer Zeit vielleicht nur eine Zugreise vermitteln kann. Besser könne man Land und Leute nicht kennenlernen, meint eine ältere Dame im Sonderzug.

Doch die Reise beginnt mit einem Stück dunkler deutscher Kolonial- und afrikanischer Wirtschaftsgeschichte. Denn bevor wir die noblen Zugkabinen beziehen, besuchen wir Bagamoyo. Hier begann eine wichtige Karawanenroute Ostafrikas, gehandelt wurde mit Elfenbein, Salz, Kopra und auch mit Sklav:innen. Der Sultan von Sansibar – die Insel liegt gegenüber der Stadt im Indischen Ozean – mehrte seinen Reichtum.

Später wurde Bagamoyo von 1888 bis 1891 die erste Hauptstadt der Kolonie Deutsch-Ostafrika, das die heutigen Länder Tansania, Burundi und Ruanda sowie ein kleines Gebiet in Mosambik umfasste.

An der Straße nach Bagamoyo stehen Jacarandabäume mit strahlend blauen Blüten neben feuerrot blühenden Nelkenbäumen. Die Reiseleiterin, sprudelnde Quelle interessanter Informationen, hat Detailwissen parat, das Mut für die Gegenwart macht: »Die Regierung schenkt jedem geborenen Kind eine Nelkenpflanze. Nach etwa sieben Jahren trägt sie Früchte, die man verkaufen und die Einnahmen für die Schule nutzen kann.« Unter Akazien geht es zur Heilig-Geist-Kirche von 1874, die älteste christliche Kirche in Ostafrika. An einem der Bäume hockt eine Frau mit einem schlafenden Kleinkind im Schoß. Blickaustausch, Lächeln.

In der Kirche fand einst eine Trauerfeier zu Ehren des angesehenen britischen Afrikaforschers und Gegners des Sklavenhandels, David Livingstone, statt, bevor dessen Leichnam in die Heimat überführt und der Kirchturm zum Livingstone-Turm getauft wurde. Unsere Citytour führt uns noch zu geschnitzten Sansibartüren, wie sie beim Hausbau in Ostafrika ausgehend von der Insel in Mode waren, und zum Fort der Stadt, das die Deutschen als Garnison nutzten. Heute ist Bagamoyo als Erinnerungsort auch auf dem Weg zum Welterbe.

Fast wie ein Fremdkörper wirkt der in chinesischem Stil errichtete Tazara-Bahnhof in Dar es Salaam, wo wir in unseren Edelzug einsteigen. Zur Begrüßung wird jedem Fahrgast ein Glas Sekt gereicht. Im Touristenzug mitreisen werden 65 Gäste verschiedenen Alters – Paare, Alleinreisende, umsorgt vom 30-köpfigen Personal, das für drei Schichten täglich an Bord gekommen ist.

In den mit dunkelrotem Holz ausgekleideten Kabinen fehlt es an nichts: Schrank, Bett, Duschkabine, Waschecke sind vorhanden und natürlich auch eine Toilette. Unbemerkt sind wir losgefahren. Draußen winken Menschen. Die Vegetation ist bunt und vielfältig – noch. Alles fliegt mit steigendem Tempo immer schneller vorbei.

Und bevor man sich so recht eingerichtet hat, ertönt auch schon der Gong zum ersten Abendessen. Auch den Speisewagen dominiert dunkelrotes Holz. Platz genommen wird an Vierer- und Zweiertischen. Gedeckt ist mit weißen Tischtüchern und feinem Geschirr, eine kleine Vase mit dunkelroten Proteablüten zur Zierde. Heute wie auch die anderen Tage wird in dieser charmanten Atmosphäre ein köstliches Drei-Gänge-Menü gereicht, dazu ausgewählte Weine. Am Ende der Reise werden etwa 1.500 Liter getrunken sein.

Der Safarizug, so sehr man sich um das Wohl der Gäst:innen bemüht, entpuppt sich in der ersten Nacht als Rüttelexpress. Es rumpelt unentwegt, schließlich sind wir teils auf uralten Gleisen unterwegs. Die Fahrt geht nach Westen, durch dichter werdendes Buschland. Am Morgen der erste planmäßige Halt dieser Reise: Offene

Geländewagen warten direkt am Zug für die Fahrt in die Savanne. Es ist trocken, was die Tiere an die Wassertümpel treibt. Wir besuchen Selous, eines der größten Wildreservate Afrikas, seit 1982 gehört es zum UNESCO-Weltnaturerbe.

Später treffen sich einige der Gäst:innen auf der offenen Veranda des letzten Zugwaggons. Das Erlebte von vorhin – Zebras, Elefanten, Giraffen, Büffel – ist Hauptgesprächsthema. Alle sind begeistert, während die Fahrt schon weitergeht. Graubraune Buschlandschaft zieht vorbei, ein sanft-scharfer Geruch strömt in die Nase.

Unvermindert ruckelig geht die Fahrt auf den ungleichmäßigen Gleisen voran. Und so erkauft man sich die reichen Sinneseindrücke an Bord des Luxuszugs beim Gang durch die Flure mit blauen Flecken. Die Reiseleiterin hat einen Tipp: Arme vorn und eng am Körper halten, breitbeinig und schnell durch den Gang eilen. Nur hat man so nicht jederzeit Muße für den Blick nach draußen, wo die Landschaft vorübergehend wieder grüner wird. Und bergiger.

Nun gilt es, üppig bewachsene Steilhänge zu durchbohren und saftige Täler zu überqueren. Auf rund zwei Stunden Fahrt zählen wir beachtliche 23 Tunnel und um die 300 Brücken. Wir sind in der Gegend des Great Rift Valley, des Großen Afrikanischen Grabenbruchs. Über eine Bruchlinie von Äthiopien über Kenia und Tansania bis nach Mosambik könnte sich Ostafrika in Jahrmillionen vom Rest Afrikas abgetrennt haben und einen eigenen Kontinent bilden.

In Gedanken über diesen großen Prozess, der Geologen zufolge eine Sache von bis zu 60 Millionen Jahren sein könnte, erscheinen die individuellen Sorgen des Alltags auf dieser Reise auf einmal sehr klein. Stress und Druck von zu Hause lassen nach. Dann der Stopp bei den von Regenwald umgebenen Chishimba-Fällen in Sambia, die über 70 Meter in die Tiefe stürzen.

Immer wieder muss frisches Trinkwasser getankt werden. Bei jedem Halt werden aber Nahrungsmittel, die nicht mehr gebraucht werden, an Einheimische abgegeben. Das erfreut die Reisenden, die bei jedem Zwischenstopp des Zugs regelmäßig von Kindern umringt sind.

Wenn die 120 Tonnen schwere Lok mit den 22 Waggons zum Stehen kommt, können die Fahrgäste oft aussteigen. So auch in Kapiri Mposhi im zentralen Sambia, einst eine reiche Stadt aufgrund der hiesigen Kupfermine. Hier parkt der Zug über Nacht im Bahnhof. Unsere Reiseguides haben sich am frühen Morgen mit Lehrkräften einer örtlichen Schule verabredet, denen die Guides auf dieser Luxusreise mit Spenden und finanzieller Unterstützung für die Schule unter die Arme greifen.

Als wir uns treffen, lächelt eine der Lehrer:innen. Sie trägt ein Baumwollkleid, weißgrundig mit schwarzen Batikdrucken afrikanischer Motive: schlanke Frauen, Holzbündel oder Wasserbehälter auf dem Kopf, Kraalhäuser, wie sie im südlichen Afrika üblich waren. Für manche der Zugreisenden prallen Welten aufeinander. Dort die stolze Afrikanerin, die selbstbewusst mit verschränkten Armen in Richtung der aufgehenden Sonne blickt, hier Zuggäste, die höflich um ein Foto bitten, woraufhin sie wortlos nickt.

Dann erscheinen vier wohlfrisierte Schülerinnen in dicken Mänteln, weißen Blusen und Söckchen, schüchtern, aber neugierig, und die Lehrerin stimmt zu Ehren der Gäste die Nationalhymne an: »Stand and Sing of Zambia, Proud and Free.«

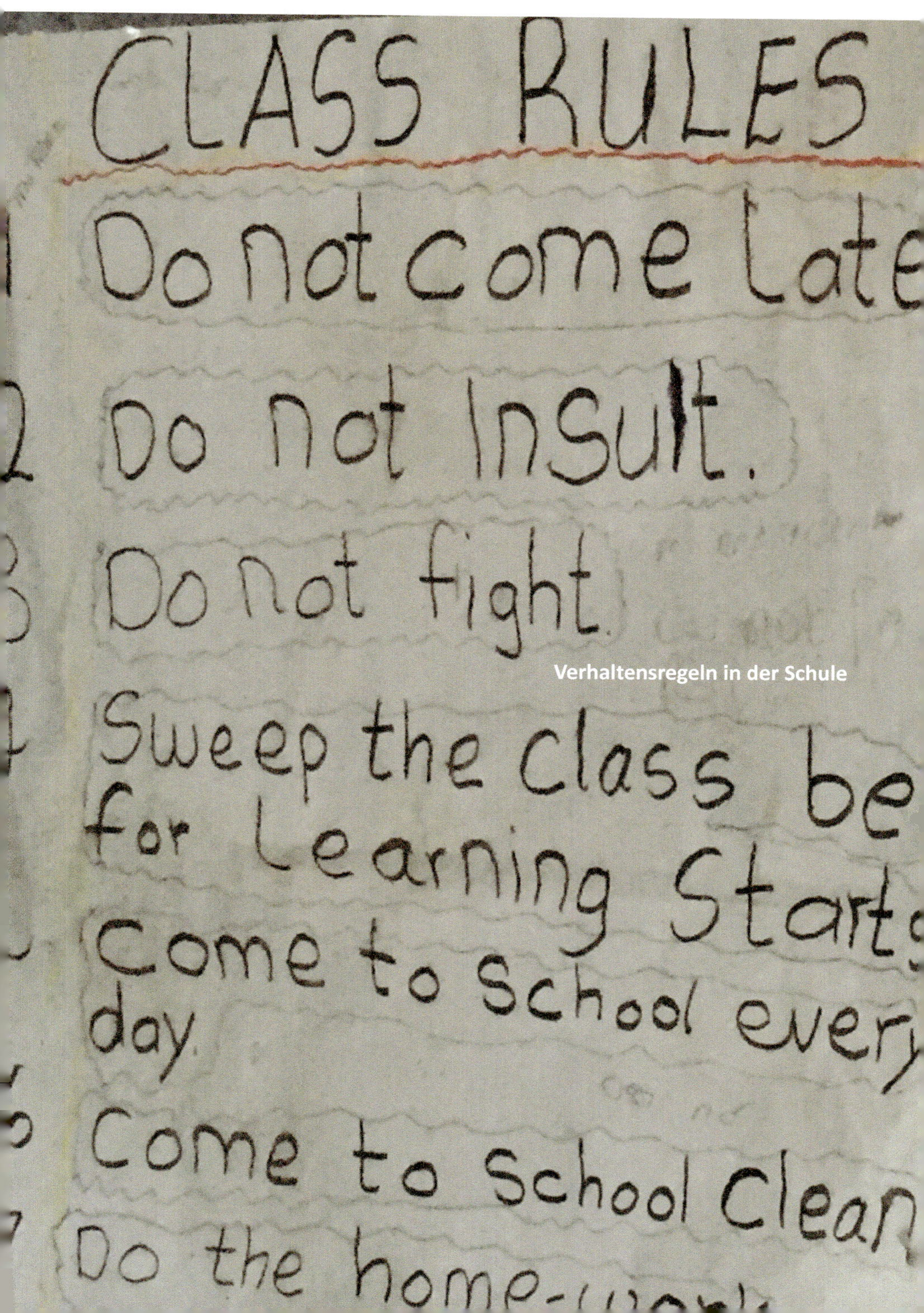

Verhaltensregeln in der Schule

Die Weiterfahrt im 500 Meter langen Rovos-Zug geht durch fruchtbares Land, wo Gemüse gedeiht, später durch ausgedörrtes Land, wo mageres Vieh steht. Die Menschen in dieser Gegend leisten harte Arbeit, und man kann Überlegungen anstellen, wie es ihren Vorfahren im Vergleich in den früheren Kolonialzeiten ergangen ist. Heute wird ihnen unter oftmals zweifelhaften Umständen von nicht afrikanischen Staaten Land abgekauft, so dass ihnen nicht mehr viel zum Leben bleibt – Landgrabbing heißt das.

Wir erreichen die Victoria Falls Bridge, die den Sambesi und damit die Grenze zwischen Simbabwe und Sambia auf einer Höhe von 128 Metern überspannt. Für die meisten der Gruppe ist der Spaziergang an den Victoriafällen das Highlight der Reise. Manche buchen einen Rundflug. Der Blick von oben lohnt sich besonders vor der Regenzeit, denn so sind mäandernde Wasserläufe zu erkennen, die an der Abbruchkante rauschend in die Tiefe stürzen.

Im Chobe-Nationalpark in Botsuana, bekannt für seine vielfältige Tierwelt, hat die Hitze des Tages nachgelassen. Wir unternehmen eine Bootsfahrt. Die Abendsonne taucht die Landschaft in ein mildes Licht, und wir erspähen einige Wildtiere: Giraffen, die mit ihrem langen Hals Sträucher rupfen, Elefanten, die auf einer Landzunge rasten, befleckte Wildhunde mit Löffelohren, Antilopen, Zebras, Nilpferde, Wasserbüffel, bunte Vögel. Eine Affenbande türmt im Rudel, als wir uns nähern, während die Krokodile cool bleiben und verharren. Die Nacht verbringen wir sicher in einer Lodge.

Unser Zug auf der Victoria Falls Bridge

Wir rattern weiter nach Simbabwe hinein, früher oft Brotkorb Afrikas genannt. Einst gab es genug für die eigene Bevölkerung, Weizen und Mais wurden sogar exportiert. Doch dann machte Robert Mugabe, anfänglich ein erfolgreicher Premier, seine politische Kehrtwende zum Diktator. Hungersnöte, Korruption und Intrigen erschütterten das Land, 2017 wurde der greise Mugabe abgesetzt. Heute leiden noch immer 60 Prozent der Simbabwer:innen Hunger, das öffentliche Gesundheitssystem funktioniert nicht mehr.

Aber es gibt Initiativen wie beispielsweise das ›Friendship Bench Program‹, für das sich die fast 80-jährige Emi, Großmutter von sieben Enkeln, engagiert, die wir bei einem Stopp treffen.

Seit Jahren nehme die Armut der Menschen weiter zu. »Fast alle hier sind arbeitslos, das Geld wurde entwertet«, klagt sie. Mit der Armut fielen die essenzielle Versorgung mit Elektrizität, Gas und Holzkohle weg, auch Dinge wie Hochzeiten oder Autofahren waren nicht mehr möglich. Trinkwasser könnten die Menschen oft nur an weit entfernten Quellen mühsam auftreiben. In Folge dessen leide mittlerweile ein Viertel der Menschen in Simbabwe unter psychischen Problemen, es gebe wenig psychologische Hilfe. Als Mitwirkende des Hilfsprogramms sitzt Emi nun zwei Mal pro Woche im Dorf auf einer Rundbank und empfängt – fast so wie einst Sigmund Freud auf seinem berühmten Sofa – Hilfsbedürftige. Sie kann kleine Erfolge verbuchen. Zwei Schwestern galten als verhext. Bis Emi kam und den Fluch verschwinden ließ.

Uns Reisende begleitet in allen durchfahrenen Ländern die Sonne, nur die Nächte werden kühler, je weiter wir in den Süden vordringen. Mittags reicht eine leichte Bluse, morgens und abends ist etwas Wärmeres nötig. Wir statten Francistown einen Besuch ab, benannt nach einem Briten, der im Goldrausch des 19. Jahrhunderts hier Schürfrechte erwarb. Sehenswürdigkeiten hat Botsuanas zweitgrößte Stadt kaum zu bieten, aber beim Spaziergang in der schon warmen Morgensonne nette Kontakte zu den Einheimischen. Mit einem offenen »Hello, where do you come from?« eröffnet eine aufgeschlossene Frau uns Ausländer:innen die Möglichkeit zum Gespräch. Ein netter Austausch mit ihr und ihrer Tochter folgt.

Dann gibt es noch mal Futter für eingefleischte Safarifans: Von Botsuanas Hauptstadt Gaborone aus besuchen wir für zwei Tage das Madikwe-Wildreservat, schon in Südafrika gelegen. Das ist die letzte Chance, Klippspringer, Hyänen, Löwen, Geparden, Impalas oder Kudus zu beobachten. Eine Mitreisende im Safariauto, mit dem wir in dem 1991 eröffneten Park durchs weite Buschland kreuzen, regt die wilde Natur zu tieferen Gedanken an: »Fremdes ist interessant. Da ist die Fremdheit außerhalb des Zuges: die Menschen, ihre Sprachen und Geräusche, die Farben und Düfte der Vegetation. Dann gibt es die Fremdheit drinnen: die Mitreisenden und ihre Allüren.«

Chobe-Nationalpark in Botsuana

Tatsächlich kommt eine Bahnreise über fast drei Wochen nicht ohne kleine Spannungen und Diskussionen aus. Später im Zug geht es hoch her: Nicht über die Menschen zu reden, sondern sie reden zu lassen, wünscht sich ein Gast und lässt Kritik am Verhalten anderer durchsickern. Geredet wird über Folgen für die lokale Wirtschaft durch Kleidung und Schuhe aus Europa auf den Märkten, Schulbildung, Arbeit und Arbeitslosigkeit, Ahnenkult, medizinische Versorgung und darüber, wie die traditionelle Medizin der Schamanen funktioniert. Dann tritt nachdenkliches Schweigen ein, bis kurz vor Pretoria, Südafrikas Hauptstadt.

Vor den ausladenden Regierungsgebäuden auf dem Hügel steht Nelson Mandela, der 2013 starb, in Form einer Statue. Die ist neun Meter hoch, ausladend auch deren Arme und offene Hände als Symbol zur Versöhnung aller Völker. Doch Südafrika hat noch immer viele Probleme: 55 Prozent der Menschen hier gelten als arm, 27 Prozent sind arbeitslos. Fremdenfeindlichkeit ist weit verbreitet und macht das Land für Arbeitskräfte aus dem Ausland zunehmend unattraktiv.

Kinder auf Nebengleisen

Afrika, der gesamte Kontinent, auch der Teil, den wir auf Schienen durchrattern, ist reich an Bodenschätzen und verfügt über gut ausgebildete Fachkräfte. Dennoch steht statistisch für 5.000 Menschen nicht einmal ein:e Ärzt:in zur Verfügung. Traditionelle Heilende und Wahrsager:innen kennt man hingegen überall. Sie sind schneller erreichbar als ein:e westlich ausgebildete:r Ärzt:in, und ihre Methoden zur Linderung von körperlichen und seelischen Störungen werden von den Leuten angenommen. Seit die schwarze Mehrheit Südafrika regiert, sind die magischen Kräfte der Ahn:innen, der Wahrsager:innen und Geisterbeschwörer:innen entfesselt. Zumindest darf man wieder daran glauben.

In der Dämmerung fahren wir durch Kapstadts Vororte. Der berühmte Tafelberg schiebt sich vor das Fenster. Die Zeit für den Abschied ist gekommen. Was bleibt von dieser Reise? Die Erinnerung an Luxus und die Reisenden im Zug. An die Begegnungen drinnen und draußen. An die stolze Lehrerin in Sambia, an Emi auf der Freundschaftsbank im gebeutelten Simbabwe, an die umwerfende bedrohte Tierwelt. Oder an Lizzy, die ich am letzten Tag in Kapstadt treffe und deren Eltern an Aids gestorben sind – an dieser schon vor Corona fast vergessenen Seuche, die in manchen Teilen Afrikas noch immer grassiert.

Der letzte Tag bleibt, um Kapstadt zu erkunden. Bald wird sich der luxuriöse Rovos-Zug mit 3.000 Eiern, 350 Kilogramm Käse, 700 Litern Milch und all der anderen Verpflegung an Bord für die zahlungskräftige Kundschaft auf die Rückreise nach Dar es Salaam begeben. Trotz aller Widersprüche: Eine Zugreise wie diese bietet in kürzester Zeit so viele Einblicke in Länder und Gesellschaften wie kaum eine andere. Mehr Afrika geht nicht.[16]

Natürlich geht mehr Afrika. Wer mehr vom Kontinent, den sehr unterschiedlichen Ländern, den Menschen und deren Lebensbedingungen verstehen möchte, sollte sich länger aufhalten, mit Menschen reden, mit ihnen zusammen sein, ihre Tagesabläufe und Lebenseinstellungen studieren, die in den Städten oder auf dem Lande verschieden sind.

Außerhalb der Metropolen kann man an vielen Stellen Tiere beobachten, nicht nur die Big Five auf Safaris (Elefant, Nashorn, Büffel, Löwe und Leopard), sondern auch zum Beispiel Termitenvölker, wenn sie ihre Burgen bauen, die mitunter höher sind als man selbst. Oder Ameisen, die unermüdlich Baumreste in ihre Nester schleppen. Webervögel, die in dutzenden Nestern an einem Baum in Kolonien leben und allein nicht überleben würden. Auch handgroße Früchte der Affenbrotbäume, die an langen Fäden hängen.

Daheim resümierte ich die vielen Gespräche mit den Mitreisenden. Nicht alle suchten etwas in Afrika, viele wollten einfach ein Abenteuer, eine letzte große Reise erleben oder der Langeweile zu Hause entkommen. Da bot sich diese Reise an.

Mit dem Zug hinterließen wir Abgase. Noch werden afrikanische Züge mit Diesel gefahren. Aber neue Schienennetze sollen elektrifiziert werden. Dass über mit Wasserstoff angetriebene Züge in Norddeutschland sehr erfolgreich geforscht wird, ist in Afrika auch bekannt. Emissionsfreies Reisen mit Brennstoffzellenzügen kann die Zukunft sein, denn das, was dann ausgepufft wird, ist Wasserdampf.

Teil des Ganzen

Ein paar Jahre vorher war ich in Südafrika. Ich kann nicht sagen wieso, nur dass es so ist: Ich bin gerne mit Menschen zusammen. Es ist weniger die pure Neugierde als das tatsächliche Interesse an ihren Lebensgeschichten. Auch an meiner. Denn sobald ich woanders bin, treffe ich Menschen und erfahre etwas aus ihrem Leben, das wiederum mein Leben bereichert. Wodurch könnte ich mehr lernen, als mit anderen zu sein und Teil einer Weltgemeinschaft?

»Wie soll mein Leben sein?«, ist eine wiederkehrende und lebensbegleitende Frage, die mich oft umtreibt. Sobald ich durch Gespräche mit Menschen der Antwort näherkomme, taucht die Frage bald wieder auf. Es gibt scheinbar keine abschließende Lösung. Darüber sprach ich einst mit einem Südafrikaner, einem Xosa, der mir von Ubuntu erzählte. »Wir sprechen von Mitmenschlichkeit und Gemeinwohl. Wir sind Teile eines Ganzen, wir sprechen vom Teilhaben und miteinander teilen. Das nennen wir Ubuntu. Dieses Gemeinschaftsprinzip steht vor individuellen Befriedigungen, die aber auch sein dürfen.« Ich wollte mehr darüber erfahren und plante, Menschen zu befragen, um aus ihrer Sicht Informationen über ihr Leben und ihr Land zu bekommen. Zunächst traf ich hauptsächlich Männer: Manager und Angestellte in Hotels, Pfleger in Tierparks, Fahrer und Reiseleiter. Weil ich großen Wert darauf legte, gleichviel Frauen und Männer verschiedener Altersgruppen und Ethnien zu befragen, musste ich ein bisschen genauer hinsehen. Die meisten Frauen, die im Billiglohnsektor tätig sind, traf ich im Tourismus, verantwortlich für Reinigungstätigkeiten oder auch im Service. So wie Tamara und Antoinette im Hotel in Kapstadt.

Rauch kratzt in meiner Nase, als ich kurz nach sechs Uhr an unserem ersten Morgen in Kapstadt aufwache und kaum atmen kann. Noch im Halbschlaf träume ich, es brenne und wir müssen fliehen. Ich packe die wichtigsten Papiere in die Handtasche und dann ...

Nichts hatte ich gepackt. Ich sitze auf dem Bettrand. Qualm ist nicht zu sehen, aber ich rieche das Feuer. Wird hier in der Umgebung des Hotels Holzkohle angefertigt oder der Kamin angezündet, der nicht ziehen will? So früh am Morgen? Wird das jeden Tag so sein? Werde ich nicht mehr bei offenem Fenster schlafen können?

Die nächsten Morgen sind rauchfrei.

Auf der Terrasse des Hoteldachs ist es frisch, und wenn der Wind eine Pause macht, wärmt die Frühlingssonne ein wenig. An diesem jungen Tag kämpft die klare, kühle Luft noch gegen die Sonnenwärme vor dem strahlend-blauen Himmel an, der die Konturen des Tafelberges schärft. Dichter Nebel quillt bereits an einer Stelle über den Kamm, als hätte er es eilig, den Stadtteil Oranjezicht zu befeuchten.

Gewaltige Kräfte gruppieren und zerreißen das Wolkenmeer immer wieder aufs Neue, einzelne Figuren entstehen für eine kurze Weile: Ein Mann mit Bart, aus dem gerade eine Frau mit wohlgeformter Nase und vollen Lippen geworden war, bis sich das Ganze in einen Baum schiebt.

Die Nacht ist laut. Tick, tick, tick, mit festen Krallen krabbeln, über Hindernisse poltern, dazwischen stöhnen, wieder krabbeln. Wo im Dach ist jemand zugange? Und was ist es? Ein Waschbär?

Ein Vogel, vermutet der Manager, als wir ihm davon berichten. »Ein Vogel, nein, das kann ich mir nicht vorstellen. Das Tier muss schwerer sein. Wenn es stolpert und fällt, fallen ein paar Kilo.«

Dem neuen Centenary Tree Canopy Walkway, einer Boomslang (Baumschlange) im Botanischen Garten in Kirstenbosch nachempfunden, gönnen wir Zeit und Muße. Der ältesten Weinfarm des Landes, Groot in Constancia, auch. Dann Fish Hoek, der kleine Ort an der

False Bay mit seinem herrlichen Sandstrand, im Westen der Kap-Halbinsel, der zur Kap-Metropolregion gehört und doch 35 Kilometer entfernt im Süden liegt. Überall, wo wir halten, sind Baboons schon da. Diese cleveren Paviane sind Touristen gewohnt und nicht scheu, ihre Autos auf Suche nach Essbarem zu öffnen.

Im Jahre 1818 verhängte der Gouverneur, Lord Charles Somerset, ein Alkoholverbot in der Gegend, damit die Transporteure die Waren von Simon's Town, südlich von Fish Hoek, sicher und schnell nach Kapstadt bringen konnten, denn er war um die Einsatzbereitschaft seiner Soldaten besorgt. Erst in den Neunzigern des letzten Jahrhunderts wurde das Gesetz verändert. Inzwischen kann in den meisten Restaurants Alkohol bestellt werden.

Die Füße im Sand an der Boulder Beach mit den Pinguinen, die uns beobachten. Weiter geht's bis zum südlichsten Punkt, dem Kap der Guten Hoffnung, das etwa 45 km von Kapstadt entfernt liegt. »Hier trifft sich der Atlantik mit dem Indischen Ozean«, sagt der Fahrer, das Rauschen ist überwältigend.

Aber stimmt das denn?

»Der Indische und der Atlantische Ozean treffen nicht am Cape Point zusammen, sie vermischen sich über eine

Länge von vielen 100 Kilometern«, erklärt meine Freundin, die in Südafrika ihre Kindheit und Jugend verbrachte. »Das Wasser des Atlantischen Ozans ist im Sommer eiskalt, weil der kalte Benguelastrom, der aus der Antarktis kommt, im Sommer weiter nach Norden reicht und die Südwest- und Westküste am Kap umspült. Im Winter ist das Wasser fünf bis sechs Grad wärmer und der Strom kommt an der Westküste nicht ganz ans Land heran.« Dieser Bereich liegt noch im Einfluss der Westwinddrift, die etwas weiter südlich in die Roaring Fourties übergeht. Die Stürme sind zuweilen im Sommer umwerfend – auf dem Fahrrad kann man sich nicht mehr halten.

Diese Winde verursachen an der West- und Südküste den heftigen Wellengang. Die Ostküste Afrikas bekommt die starken Westwinde nicht ab, hier ist der Wellengang ruhiger.

Als ich Dolly, eine Zulu, am nächsten Morgen frage, ob sie denn auch den Blue Stilton möge, den sie gerade auf das Frühstücksbuffet gelegt hatte, schüttelt sie sich mit verzogenem Gesichtsausdruck: »Schon der Geruch ekelt mich.« Und als ich ihr verrate, dass ich dazu gerne die bittere Orangenmarmelade von Koo essen würde, zeigen ihre großen Augen, dass sie es kaum fassen kann. Sonderlich, diese Europäer!, muss sie gedacht haben und bekräftigt ihr Missfallen mit den für uns eigenartig klingenden Lauten: »Krchch, krchch.«

Danach sind wir mit Hatshma unterwegs. Kurz nach der Begrüßung klärt sie auf: »Ich bin eine Coloured Person mit malaiischem Familienhintergrund. Als wir die Apartheid hatten, gab es das Vier-Rassen-System: die Weißen, die Coloured, die Asians und die Schwarzen. Wir Farbigen hatten den Schwarzen gegenüber einige Privilegien. Wir durften zum Beispiel Grundstücke und Häuser besitzen. Weiße mussten zur Schule, wir Coloured durften zur Schule, Schwarzen war es nicht erlaubt, zur Schule zu gehen.«

Bo-Kaap, die kleinen bezaubernden Häuser in bunten Pastellfarben leuchten sonnenbestrahlt von weit her. Hatshma lebt hier im Malay Quartier, am Fuße des Signal Hills, in dem etwa 2.000 muslimische Kapmalaien zu Hause sind. Auch sie ist Muslima und zeigt uns die Moschee, in die sie geht. Ich beobachte eine schwarze und eine weiße junge Frau, die Arm in Arm den Hügel runterlaufen. Zwei beste Freundinnen vielleicht, und mir gefällt das Bild sehr gut. »Unsere Lebensweise zielt darauf, die Community zusammenzuhalten. Wir tun alles für die Gemeinschaft, die kulturellen und religiösen Bräuche retten uns im Überleben. Ein Individuum ist bei uns nur wichtig als Teil der Gemeinschaft. Was wäre ich ohne meine Familie und Community, zu der ich gehöre?«

In Bo-Kaap hatten sich im 17. und 18. Jahrhundert die Vorfahr:innen niedergelassen. Es waren befreite

Sklav:innen aus den ehemaligen niederländischen Kolonien. Sie stammten ursprünglich aus Ceylon, Indien, Indonesien und Malaysia. Malaiisch war damals die Handelssprache. Und so sprach man auch im Quartier. Afrikaans beinhaltet Einflüsse des Holländischen und Malaiischen.

Die Männer, die im Businessdress gekleidet und mit ihren Aktentaschen vor uns laufen und sich sehr angeregt unterhalten, sind vermutlich Geschäftsleute aus dem Quartier.

Während der Apartheid drohten die Häuser zu zerfallen, aber die Bewohner:innen kämpften um den Erhalt. Heute sind sie stolz auf dieses gut erhaltene bunte Viertel. Im Eingang eines Hauses kann ich die Geschichte der Kapmalaien anhand von eindrücklichen Wandbildern nachvollziehen.

Hatshma ist mächtig stolz auf die Community. Sie ist sehr engagiert und besteht darauf, uns den District Six zu zeigen und das dortige Museum. »Ihr sollt wissen, was in den Sechzigern hier vorgefallen ist, bevor wir das Township besuchen.« Eine große Karte zeigt das frühere Wohngebiet, in dem mit Namen versehene Straßen geometrisch angeordnet sind. Es gab schöne Häuser im viktorianischen Baustil, die nacheinander recht baufällig wurden. Die meisten Menschen im District waren arm und konnten sich nicht um die Häuser kümmern, viele Läden mussten geschlossen werden. Hier lebte ein buntes kulturelles Gemisch von Menschen, die von Sklav:innen abstammten. Zuerst siedelten sich Männer an: Arbeiter, Einwanderer und Künstler, dann kamen Frauen dazu. Jetzt leben hier Menschen aller Regenbogenfarben.

Schon vor vielen Jahren hatte ich gehört, dass die Politiker:innen ein besseres Image für Kapstadt erreichen wollten und deshalb das gesamte Wohnviertel gewaltsam räumen und abreißen ließen. Am 11. Februar 1966 entschied sich die weiße Regierung, aus dem District ein Wohngebiet für Weiße zu erbauen und fing umgehend mit der Demolierung des multiethnischen Bezirks an. Bis 1982 sollten über 60.000 Menschen vor der Stadt in Townships (für Schwarze) und in Cape Flats (für Farbige) umsiedeln.

Heute ist das Gebiet ein Brachland, in dem in einem kleinen Bereich 24 neue Häuser gebaut wurden, die inzwischen auch von den Vertriebenen zurückgekauft werden können. Doch dazu haben nur wenige das Geld, und Weiße wollen hier nicht einziehen.

Wir erreichen Langa, um Mtabo zu treffen. »Er ist ein Rastaman«, klärt uns Hatshma auf, als wolle sie uns vor seinem Aussehen warnen. Der schöne, junge Mann lebt auf der etwas besseren Seite im Township und erweist sich als weltgewandt. »60 Prozent der Erwachsenen hier sind arbeitslos.« Und deshalb führt uns Mtabo zuerst zum Guga Sthebe Arts & Culture Centre, in dem die Bewohner:innen von Langa in Selbstverantwortung Produkte herstellen, die sie verkaufen können. Mit kleinen Einnahmen können die Menschen hier ihre sozioökonomische Situation verbessern. Wer an diesem Projekt teilnimmt, hilft sich und seiner Familie, aber auch der Gemeinschaft.

Die Kinder in Langa gehen zur Grundschule, die gebührenfrei ist. Wollen sie weiterführende Schulen besuchen, müssen sie eine staatliche oder private Schule außerhalb des Townships wählen und Geld bezahlen. Viele Eltern bemühen sich, ihre Kinder dazu anzuhalten, eine gute Bildung und Ausbildung anzustreben. Mtabo hat Tourismus studiert, führt seine Reisenden durch das Township und weiß zu berichten: »Die Gesundheitsversorgung in staatlichen Krankenhäusern und in Arztpraxen ist frei, auch wenn man oft lange auf Termine warten muss. Wer es sich leisten kann, geht zu privat praktizierenden Ärzt:innen, und zahlt. Die meisten in Langa können es sich nicht leisten.«

Tamara und Antoinette

Am Nachmittag treffe ich mich mit Tamara und Antoinette im Hotel. Beide Frauen hatten nur die Grundschule besucht. Doch die pfiffige Tamara wirkt mit ihren 32 Jahren sehr lebenserfahren. »Ich komme aus Malawi und lebe seit 2006 in Plumstead, einem Township in Kapstadt.« Ihre Augen blitzen wie Sensoren, die alles einfangen wollen. »Ich bin meinem Verlobten nach Kapstadt nachgereist. Er hatte mir die ewige Liebe geschworen und dass er sich um mich und unsere Kinder kümmern würde. Daraus wurde nichts, das war mir ziemlich bald klar, und wir trennten uns. Dann lernte ich einen anderen Mann kennen. Wir sind verheiratet und haben einen dreijährigen Sohn und eine einjährige Tochter. Mein Mann sucht Arbeit, kümmert sich jetzt aber um die Kinder. Wir haben keine Verwandten um uns herum und müssen uns allein durchschlagen und von meinem Einkommen leben.«

»Dann habt ihr es aber schwer«, ergreift Antoinette ihre Chance, sich zu beteiligen, und erzählt: »Ich war verheiratet und habe zwei Kinder, die bei meiner Mutter im Eastern Cape leben. Das ist ziemlich weit weg und wir sehen uns ein- bis zweimal im Jahr. Dort, im Township, gibt es viele Leute, die sich um die Kinder kümmern, während die Eltern woanders arbeiten.«

Antoinette arbeitet seit zehn Jahren in Kapstadt und lebt im Nyanga Township. Beide Frauen sind für das Frühstück, die Zimmer und die Reinigung des Hotels zuständig. Als wir uns miteinander unterhalten, fällt mir auf, dass der Manager des Hauses den beiden Frauen kalte Getränke serviert. Das ist sehr außergewöhnlich. Ich hatte vorher schon einen Tee bekommen und frage die Frauen, wie sie das fänden. »Er ist erst seit zwei Monaten hier und möchte einen neuen Arbeitsstil einführen. Mal abwarten!«

Ich frage die Frauen nach ihren Träumen und Wünschen, und Tamara aus Malawi ist sofort bereit zu erzählen: »Ich träume davon, meinen Mann weiterhin lieben zu können und ihm zu vertrauen. Ich wünsche mir ausreichend Geld und tue alles, dass die Kinder zur Schule gehen können. Mein christlicher Glaube und die regelmäßigen Gebete sind mir sehr wichtig. Ich gehe in die Kirche und singe gerne im Gospelchor der Gemeinde und engagiere mich dort für Menschen, die Unterstützung brauchen.«

Antoinette, die scheuere der beiden, mischt sich ein: »Ich singe auch im Kirchenchor, oft Gospels. Mein größter Wunsch ist, einen netten Mann zu finden, die Kinder und meine Familie um mich zu haben. Ich fühle mich in dieser großen Stadt oft allein.«

»Wollt ihr noch weitere Kinder haben?« »Wenn mein Mann es sich wünscht«, sagt Tamara, »dann muss es sein.« »Mir reichen zwei, aber ich könnte mich seinem Wunsch nicht verweigern«, schiebt Antoinette nach. »Wenn ich zu alt bin, um Kinder zu kriegen, bin ich für einen Mann nicht mehr interessant. Das ist in Afrika so: Der Mann entscheidet über die Kinder und das Leben der Frau.«

Tamara arbeitet fünf Tage in der Woche und verdient 2.500 Rand im Monat, wovon Fahrtkosten abgehen. Ihre Kollegin hat einen Halbtagsjob und verdient dementsprechend weniger. Sie versucht, mit dem Auto eines Bekannten zur Arbeit mitzufahren.

Antoinette will mich wissen lassen: »Jedes Unternehmen muss eine gewisse Anzahl von Führungspositionen für Schwarze vorbehalten. Das ist gesetzlich geregelt, aber schwarze Frauen in Führungspositionen kenne ich nicht. Das ist alles Männersache.«

»Die Familie meines Vaters kommt aus Simbabwe und lebte später in Malawi, dann hier«, erzählt Tamara. »Weil er kein gebürtiger Südafrikaner war, hatte er kein Passbuch und war laufend in Gefahr, erwischt und ausgewiesen zu werden. Immer, wenn er während der Apartheid in sein Land fuhr und wieder zurückkam, konnte er nur nachts zu Fuß über die Grenze gehen. So ging es vielen Reisenden. Sie stiegen ein paar Kilometer vor der Grenze aus dem Bus aus, liefen zu Fuß weiter durch den Busch oder schwammen über einen Fluss und hofften auf eine Mitnahme auf der anderen Seite. Auch wenn er ein Passbuch gehabt hätte, hätte er als Township-Bewohner den Bezirk nicht verlassen dürfen.«

Ich frage die beiden Frauen nach einem Wunsch oder einem Lebensspruch. Antoinette ruft sofort: »Frieden, Frieden, Frieden! Nie wieder Apartheid!« Tamara schenkt mir einen Spruch zum Abschied: »Let the past be the past. Forget about former things.«[17]

Als wir am Nachmittag endlich auf dem wolkenlosen Tafelberg gehen können, verrät uns der Blick in die Weite, dass hier in der gesamten Kapstadt-Metropolregion sehr viele Menschen leben. Es sind derzeit rund 58 Millionen.[18]

Namibia, Felsmalerei in der Nähe von Bushmanns Kloof

Bei der Zählung 2011 waren es allein in der City of Cape Town 434.000 Einwohner:innen: Davon etwa 42 Prozent Coloured, 38 Prozent Schwarze, 15,7 Prozent Weiße, der Rest sind Inder und andere Asiaten und sonstige. Die Südafrikaner:innen unterhalten sich in elf Landessprachen, Englisch ist eine davon.[19]

Abends macht sich das Tier in unserem Zimmer wieder bemerkbar. Es hört sich an, als sei es während des Tages in einen Hohlraum der Außenwand gefallen. Es scheint ihm nicht gut zu gehen, wir hören es nur noch schwach stöhnen. Nach dem Abendessen ist es still.

Jörg aus Kapstadt bringt uns in den Norden durch das Rooibosgebiet, und wir hoffen auf die Blütenpracht im südlichen Namaqualand, die aber leider noch nicht begonnen hat. Wir sind zu früh, nur zart lassen sich die Farben der Blütenteppiche erahnen. Nach Clanwilliam biegen wir nach Bushmans Kloof ab: Eine schöne Lodge in weiter Buschlandschaft, geschmackvoll eingerichtet mit einem ausgezeichneten Service und überaus netten Menschen. Es geht uns gut. Hier wollen wir Touren zu den Felsmalereien unternehmen und Tiere beobachten. 130 archäologische Felsmalereien wurden in der Karoo Halbwüste gefunden. Einige davon werden wir sehen. Am frühen Abend auch Tiere, nachdem wir lange Zeit geräuschlos im offenen Safariauto verharren, immer auf der Suche nach dem Erkennen des Unerkennbaren, nach glühenden Augen in der Dunkelheit und wissend, dass wir beobachtet werden, ohne es zu merken.

Bei all meinen Gesprächen im südlichen Afrika hatte niemand mehr über den Kulturwert von Ubuntu berichtet. Wer benennt schon Selbstverständlichkeiten, mit denen man aufgewachsen ist? Im Hintergrund der Gespräche schwang dennoch das Miteinander und Teilen mit.

Wie Antoinette und Tamara überleben werden? Die ökonomische Situation in Südafrika hat sich sehr verschlechtert. Wegen Covid-19-Infektionen sind laut Medico International 30 Prozent der Menschen arbeitslos geworden, in »Folge der Vernichtung von zwei Millionen Arbeitsplätzen.« Zugleich sind die an Covid Erkrankten und Sterberaten der schwarzen Bevölkerung um ein Vielfaches höher als unter den Weißen.[20] Der Wert der Währung, der Rand, ist mächtig gefallen. Obwohl Impfstoffe ein globales Gut sind, wird die weltweite Corona-Pandemie durch die ungleiche Verteilung in den ärmsten Ländern um Jahre verlängert.

Seit vielen Jahren leiden Länder im südlichen Afrika wegen zunehmender Trockenheit unter Einbußen der Ernte. Schon 2019, als wir mit dem Zug durch die Region reisten, litt Simbabwe unter einer Hungerkrise. Die 80-jährige Emi vom Projekt Freundschaftsbank, die ich traf, sprach bereits über die zunehmenden Dürreperioden. Zuerst war das Ausbleiben von Niederschlägen sehr bedrohlich, dann trafen 2020 Zyklone, die über das Land fegten, die verletzte Region besonders hart.

Ausgewaschene Böden können zum Anbau nicht mehr genutzt werden. Die Zahl der hungernden Menschen steigt immens.[21] Regenmangel, Hitze, Dürre haben Erntevernichtung zur Folge, und Starkregen, Auswaschung, Bodenerosion führen zu Viehverlusten, Mangelernährung, Hunger, Armut, Krankheit, Flucht oder Tod. Frauen trifft es besonders hart, weil sie in der landwirtschaftlichen Arbeit tätig sind. Viele gehen weg.

Migration kann als Anpassungsstrategie verstanden werden.[22] Um zu überleben, migrieren Menschen zunächst in Nachbarregionen oder -länder, bevor sie sich in größter Not nach Europa aufmachen. Die, die es schaffen, woanders selbstständig und finanziell unabhängig zu überleben, bringen neue Erfahrungen und Kenntnisse heim und können mit Ressourcen dazu beitragen, der Familie zu helfen und ihren eigenen Ruf zu verbessern.[22]

Dies ist nur eine kurze Beschreibung aus einer Region in einem Kontinent. Klimawandel ist überall und die Suche nach Klimagerechtigkeit unsere Aufgabe, damit Frauen, wie zum Beispiel die Äthiopierin Ayana, was

›schöne Blume‹ heißt, die wir unterwegs trafen, nicht ihren ausgedörrten Boden verlassen müssen, in der Hoffnung, mit ihren Kindern woanders überleben zu können.

DIE SCHÖNE BLUME

Der Name Ayana bedeutet in Äthiopien »schöne Blume«. Man könnte assoziieren, sie stünde im Saft und wäre stabil.

Die Frau, die Ayana heißt, sieht mit ihren fünfunddreißig Jahren bereits viel älter aus, sie hungert und leidet unter Wassermangel. Dennoch steht sie aufrecht und würdevoll vor ihrer Hütte im Lager und schaut in die Ferne. Man kann ihre Schönheit noch erkennen.

Die Äthiopierin hat vier Kinder, die sie seit dem Tode ihres Mannes allein versorgt. Als er vor zwei Jahren starb, besaßen sie noch ein paar Ziegen, die der Familie Milch gaben. Überschüssige Milch konnte sie gegen andere Waren eintauschen oder verkaufen. »Das ist lange her«, erzählt Ayana. »Inzwischen lebt keine Ziege mehr, die Dürre hat sie alle dahingerafft, und ich musste Jahr für Jahr mit ansehen, wie unsere Lebensgrundlage systematisch zerstört wurde.«

Eines Morgens im September 2014 macht sich Tesfaye, Ayanas ältester Sohn, auf den Weg in die Großstadt der Warder-Zone, um Arbeit zu finden. Tesfaye heißt »Hoffnung«, und er war durch seine Geburt schon die Hoffnung zum Überleben der Familie geworden. Immer trägt er diese Verantwortung mit sich. Beim Abschied gibt es keine Absprachen, aber die Mutter kann sich auf ihren Sohn verlassen. Denkt sie und wartet nun seit Monaten auf Nahrung und dass er sie und die Geschwister in die Stadt nachholen würde.

Im Winter stirbt die jüngste Tochter an Entkräftung. Der zweite Sohn verlässt die Hütte, um in der Stadt nach seinem Bruder zu suchen. Seine Mutter ist sich nicht sicher, ob er, so schwach wie er ist, die zwölf oder fünfzehn Stunden lange Reise in die Hauptstadt überleben und ob ihn überhaupt ein Bus oder ein Auto ohne Geld mitnehmen würde. Aber er muss die Hütte im Lager verlassen, denn er hat nur diese eine Chance.

Ayana sitzt stumm geworden auf dem Boden. Ihr jüngstes Kind liegt kraftlos auf ihrem Schoß und die Mutter wedelt die Fliegen weg. »Wir werden überleben«, sagt sie sich und den anderen Frauen immer wieder.

Den anderen im Lager geht es genauso. Ohne die Gemeinschaft würden sie nicht überleben. Immer wieder kommt jemand aus der Großstadt und bringt Nahrungsmittel und Wasser mit. Und immer wird geteilt.

Schließlich bekommt Ayana Nachricht von ihrem jüngeren Sohn, der Arbeit gefunden und sich etwas erholt hatte. Sie ist sehr erleichtert, hatte aber im Grunde immer geglaubt, dass er es schaffen würde. Er schicke ihr durch einen Verwandten buchstäblich in letzter Minute Nahrungsmittel und Kanister voller Wasser. Und die Nachricht, dass Tesfaye den Kontinent verlassen will, um nach Europa zu gehen. Er träumt von einem besseren Leben für sich und seine Familie.

Es dauert noch bis in den Herbst, bis der jüngere Sohn seine Mutter und den kleinen Bruder in die Stadt holt. Durch die Arbeit in einer Autowerkstatt – gelernt hatte er es nie, aber Autos zu reparieren interessiert ihn – bekommt er vom Master Essen, das er mit seiner Familie teilt. Engagement und Fleiß zahlen sich nach einigen Monaten aus, so dass er alle zwei Wochen etwas Geld auf die Hand bekommt.

Ayana ist nach all dem Darben demütig und dankbar und doch auch noch eine kraftvolle schöne Blume.[23]

Will, der Mutige, der täglich vor dem Weißen Haus saß

Einmal quer durch Amerika

Nur Narren wollen die Welt erobern,
ein Weiser sich selbst.
Christoph Schacht[24]

Oft bin ich in den Vereinigten Staaten von Amerika mit geliehenen Autos gereist. In den Siebzigern aber auch mit Inlandflügen und mit Bussen, den populären Greyhound-Bussen. 2019 zum ersten Mal mit der Bahn, den legendären Amtrak-Zügen.

New York. Sanft fließt das Wasser über den Rand der beiden Becken auf der 9/11 Memorial Plaza. Dort standen die Twin Towers, heute ist es der ruhigste Ort in New York. Kein Verkehrslärm, kein Kindergeschrei, kein Hundegebell. Menschen stehen an den Becken und betrachten nachdenklich das Fließen, die Tiefe, die Namen. In fünf Reihen wurden rund um die beiden Wasserbecken etwa 3.000 Namen der Toten in Hohlschrift verzeichnet. An den Geburtstagen wird ihnen eine weiße Rose in die Perforation gesteckt. Wir zählen fünf.

The Big Apple, die Stadt, die nie schläft, vermittelt mit jeder obdachlosen Person, der wir auf der Straße begegnen, das Gefälle zwischen Reich und Arm. Es sind 60.000 bis 78.000 Wohnungslose. Wer weiß das schon genau?

Während sich New York, besonders Manhattan, aus Platzmangel in die Höhe streckt, breitet sich Washington D.C. mit großzügigen Parks und breiten Straßen aus.

Erinnerungen

Die Sonne brennt, als meine Freundin und ich das Vietnam Veterans Memorial erreichen. Ich wollte einmal mehr den Namen eines früheren Freundes finden, den ich 1968 in Vietnam kennengelernt hatte. Noch immer gilt er auf der schwarzen Granittafel als »missing in action«, als Vermisster, von dem man nichts weiß.

Das Vietnam Women's Memorial wurde 1993 den etwa 11.000 Amerikanerinnen des Militärs und ziviltätigen Frauen gewidmet. Neunzig Prozent waren Krankenschwestern, wie ich damals auch. Die Statue zeigt drei Frauen eng beieinander, die Hilfsbereitschaft, Stärke und Widerstand darstellen sollen.

Die Kabinen im Capitol Limited, dem Amtrak-Nachtzug nach Chicago, sind gewöhnungsbedürftig, besonders, wenn man, wie meine Freundin und ich, sie zu zweit belegt. Wir winden uns umeinander und steigen übereinander. Ich habe meine Freundin gebeten, oben auf der Pritsche zu schlafen. Dort zieht es, auch nachdem wir die Lüftung abstellen. Der Zug rumpelt und rattert stundenlang, fast eintönig, bis wir endlich eindösen. In den weiteren Nächten werden wir den Lüftungsschacht in den Kabinen abkleben.

Auf den Werbebildern von Amtrak sind im Speisewagen weiße Tischdecken, Gläser und Besteck zu sehen – Kellner, die die Speisen servieren. Diesen Service schätzten Reisende, und wir waren auch darauf eingestellt. Doch Amtrak wird den Service auf einigen Strecken umstellen und Speisen in Plastik verpackt anbieten. Schade, denn die gedeckten Tische sind, so die interviewten Gäste, ein Highlight der Reise.

In Chicago hatten wir nach der Eastern Time Zone die Central Time Zone erreicht. In den gesamten Vereinigten Staaten gibt es mit Alaska, Hawaii und den Außengebieten elf Zeitzonen; auf dem Festland – über welches unsere Reise führt – allein vier. Die Mountain Time und die Pacific Time Zone liegen noch vor uns.

Chicago riecht nach Wasser und bietet eine Atmosphäre, wie sie Orte am Wasser oft haben, wenn sich das Leben draußen am Fluss und an den Küsten abspielt. Ich bin neugierig und finde diese Stadt schon bei der Rundfahrt sehenswert – und bei der späteren Flussfahrt entlang der grünlichen Glasfassaden, die sich der Flussbiegung anpassen, beeindruckend schön.

Vietnam Women's Memorial

»Your identity, please!«, werden wir beim Zahlen im Bio-Supermarkt gebeten und sind irritiert, dass wir für die kleine Weinflasche von 0,25 Liter unseren Ausweis zeigen sollen. »Sie sehen doch meine grauen Haare und dass ich drei Mal so alt bin wie sie«, reagiere ich mit einem Lächeln. »Sorry, Madam, aber ich benötige die Nummer ihres Ausweises, die muss ich eintragen.« Ich zeige ihr die Kopie des Passes und alle lachen herzlich.

Fast 5.500 Kilometer werden wir in fünf Zügen und Bussen unterwegs sein. Unsere längste Zugstrecke von Chicago mitten durch die USA nach Gand Junction führt uns mit dem California Zephyr 26 Stunden und mehr durch Illinois, Iowa, Nebraska, an Denver vorbei und später am Colorado River bis Flagstaff. Der Zug poltert über die Anschlüsse der Gleise und tutet und rüttelt, manchmal mit einem stärkeren Stoß, wie auf der Mississippi-Brücke zwischen Illinois und Iowa.

Der Mittlere Westen ist der Brotkorb der Nation, voller Getreide- und Maisfelder, Wälder und Viehzucht. Dort leben Familien auf ihren Höfen, die unter massiv fallenden Preisen für Mais, Soja und Schweinen leiden. Sie waren anfällig für Trumps Parolen.

Die helle Morgensonne strahlt auf die Landschaft, die spitzen Berge der Rocky Mountains, auf die Gletscher in der Ferne, die uns blenden und spielt mit den

Schatten, die sich bei jeder Kurve neu formen. Schade, dass wir die frische Luft nicht riechen können, sie muss nach würzigen Sträuchern duften.

Einige Gäste sitzen bis Grand Junction im Panoramawagen, lesen eine Zeitung oder ein Buch oder dösen. Andere bestaunen 300 Kilometer lang goldgelbe Umgebung, abgeerntete Weideflächen und gelb blühende Büsche am Ufer des Colorado. Gelbes Gewächs bis zum Kamm der Hügel hinauf, davor grüne Laub- und Nadelbäume. Der Zug schnauft und fährt durch viele Tunnel, auch durch den Moffat, den längsten und auf 2.800 Meter über dem Meeresspiegel höchsten der Reise. Von dort aus geht es nur noch bergab.

Das Vermächtnis von Chris

»Magst du Musik hören, die zu dieser Region passt?«, frage ich meine Freundin, die sich für Johnny Cash entscheidet und nach einer Weile erzählt: »Kürzlich habe ich auf BBC 5 über einen Deutschen gehört, der in den USA alte, authentische, traditionelle und regionale, indigene Musik sammelt. Mir haben einige Titel gut gefallen.«

»Oh, ich kenne diese Person.« »Du machst Witze.« »Nein, es ist Chris Strachwitz, einer aus der Familie meiner Mutter.« Plötzlich reist er mit uns, der alte Onkel, der mit seinen Eltern nach dem Zweiten Weltkrieg in die USA migrierte und jetzt in El Cerrito lebt. Er ist der Gründer und Betreiber des Plattenlabels Arhoolie Records.

Ich bin stolz auf Chris, der für uns alle diese enorme Vielfalt wunderbarer Musik gesammelt hat. Sie wird eines Tages, das weiß ich inzwischen, an Smithsonian Folkways Recordings gehen und der Öffentlichkeit zur Verfügung gestellt werden.

Die Vegetation draußen ist gerade dabei, ihr Grün in Braun zu wechseln, die Felsen verwandeln ihre Farbe von Grau nach Rot. Wie es wohl jetzt riecht? Rote Felswände, strahlend voller Eisenoxid. Dieser südwestliche Teil der USA gehört zu meinen Lieblingslandschaften. Und der Slot Antelope Canyon, eine Felsspalte aus Sandstein in der Nähe von Page in Arizona, ist für mich der eindrucksvollste Canyon überhaupt.

Vor 25 Jahren waren mein Mann und ich alleine dort. Wir setzten unsere Hüte gegen den von oben rieselndem Sand auf, und als wir die Mitte des Canyons erreicht hatten, hielten wir in der Geräuschlosigkeit inne. Nur der Sand war zu hören, und ein Vogel von draußen. Die von den Fließbewegungen des Wassers geschwungenen und vom Sand der Vergangenheit geglätteten Felsen in der Schlucht, die einfallenden Sonnenstrahlen und das Licht, das uns in jeder Kurve überraschte, die sich deshalb stets verändernden Farben, die zwischen hellem Gelb, Beige- und Brauntönen, glühendem Orange und Rot bis ins dunkle Violett wechselten, waren beeindruckend.

Beim zweiten Besuch, zehn Jahre danach, teilten wir den Antelope Canyon mit drei anderen Paaren. Jetzt werden Gruppen von Guides in einer vorbestimmten Zeit durch den Slot geführt. Die gleichen Felsen, das gleiche Licht, die gleichen Farben, keine Spiritualität mehr. Die Navajos haben notgedrungen die Vermarktung ihres Canyons erlernt.

USA, Antelope Canyon

Wir sind im hoch gelegenen Colorado Plateau im Navajo Nation Reservation, dem größten Eingeborenenreservat der USA. In einem Zentrum, in dem handwerkliche Erzeugnisse angeboten werden, haben wir Kontakt mit Navajos und lauschen Episoden aus ihrem Alltag. Frauen berichten über die Stoffe, die sie für Kleidung, Decken und Teppiche produzieren und von Männern, die den Silberschmuck mit Intarsien aus Türkisen, Karneolen, Lapislazuli, Korallen und vielem mehr herstellen. Nicht jeder Türkis hat die gleiche Farbschattierung und Maserung und so ist es bei den anderen Steinen im Collier und den Ohrringen und Armreifen auch.

Die alte Navajo

Dann sehe ich den kleinen Stand. Vor fünfundzwanzig Jahren hatte ich mir hier eine Bluse gekauft und sie aus Erinnerung angezogen.

Auf dem Ecktresen sind viele Kosmetikprodukte aus Blue Corn ausgestellt, dem blauen Mais, der zum Beispiel für Seifen und Cremes verarbeitet wird. Fast alle Waren leuchten in diversen Blautönen, manche sogar rötlich. Dahinter sitzt eine alte Navajo, klein und mit rund gewordenem Buckel. Offensichtlich hat sie meine Bluse erkannt. Ihre Augen leuchten. »Woher haben sie diese Bluse?«, fragt sie irritiert, aber auch erfreut. »Die habe ich vor vielen Jahren hier gekauft, ich glaube bei ihnen.«

Da steht die Alte auf, hat Tränen in den Augen und wir umarmen uns. Sie ist sehr gerührt, ihre Bluse zu sehen und erzählt mir: »Meine ältere Schwester war damals für das Nähen zuständig und seitdem sie nicht mehr bei uns ist, gibt es diese Art von Blusen nicht mehr.« »Ich liebe diese Bluse, besonders auf Reisen, weil der Stoff in der Hitze kühlt und ich sie nicht bügeln muss, wenn ich sie unterwegs wasche. Und jetzt, wo ich ihnen begegnet bin, werde ich sie noch lieber tragen.«

Wieder sitzen wir in einem der silbermetallicfarbigen, mit blauen und roten Streifen verzierten Amtrak-Doppelstockwagen, die in Kolonne schneidig daherkommen. Die Schlafgäste werden oben einquartiert, wo die Kabinen, die Speise- und Loungewagen mit den großen Panoramafenstern sind. Unten sammeln sich die Reisenden, die nur kürzere Strecken fahren oder sich den Schlafwagen nicht leisten wollen, denn sie sind nicht billig. Viele Strecken sind teurer als Flüge.

Mit der Ankunft in Los Angeles haben wir die Pacific Time Zone erreicht. Wir fahren etwa vierzig Minuten durch Vororte bis zur Union Station, dem Hauptbahnhof. Je näher wir dem Zentrum kommen, desto häufiger liegen Menschen ihr geringes Eigentum umklammernd auf Bänken oder in Ecken und schlafen.

Die Sonne scheint. Ich lerne L.A. ein wenig mehr kennen: Den ältesten Teil der Stadt gegenüber dem Bahnhof, der auch Geburtsplatz von Los Angeles genannt wird. Weil sich um 1781 elf mexikanische Familien hier auf dem El Pueblo de Los Angeles ansiedelten. Die historische Olvera Street mit der ersten Kirche der Stadt ist ein Besucher:innenmagnet geworden. Es ist schon beeindruckend, was sich in 240 Jahren zum Moloch L.A. entwickelt hat.

Dann geht es zur Kathedrale, dem Hollywood Boulevard, Beverly Hills und zum Thomas-Mann-Haus, das mich regelmäßig einlädt, an den Veranstaltungen teilzunehmen. Dann Santa Monica mit dem letzten Shop der Route 66, der legendären Straße von Chicago quer durchs Land, am Pier und Venice mit dem Strand.

Am späten Nachmittag erreichen wir The Millennium Biltmore und staunen über die klassische Eleganz des spanisch-italienischen Renaissance-Stils des Hauses, das 1923 eröffnet wurde. Dieses Hotel ist ein Highlight der Reise, wie auch die Union Station. Alle Bahnhöfe, die wir auf unserer Reise kennen gelernt hatten, wurden in den späten 1930er-Jahren prachtvoll in Art Déco und mit regionalen Einflüssen gebaut.

WE NEED LOVE

Mit dem Coast Starlight geht es weiter Richtung Oakland. Plötzlich taucht ›Dylan‹ auf. Zumindest stellt er sich so vor und besteht auf die Anführungszeichen. Ein großer Mann mit graublondem Rauschebart und schulterlangen Flusenhaaren, Hut und sehr dunkler Sonnenbrille. »Woher kommt ihr denn?«, will er wissen und streift seine graue Hose mit weißen Sternen glatt. Das Sitzen hatte Spuren hinterlassen.

»Aus Deutschland.« »How nice! Meine Großmutter stammte auch aus Deutschland.« »Wo soll es denn hingehen?«, möchte ich wissen. »In zwei Tagen werde ich 65. Freunde werden beim Bluegrass Festival in San Francisco ein Konzert geben. Alle kommen am ersten Wochenende im Oktober.« Dann tanzt er in seinem schwarzen Hemd mit Gitarren bedruckt an uns vorbei und schwenkt übermütig die Nikon. Als er später wieder-auftaucht, sagt er: »People should talk together. We don't need weapons. We don't need hate, not war! We need love.« ›Dylan‹ lebt in New Orleans, ist dort mit Musik auf der Straße aufgewachsen und sieht aus wie jemand aus den 1960er-Jahren. »Einer, der übrig geblieben ist«, scherzen wir, »und dennoch im Hier und Jetzt lebt.«

Es ist schon lange dunkel geworden, als wir am Bahnhof in Oakland ankommen, um mit dem Bus zum Hotel nach San Francisco zu fahren. Menschen in den Ecken des Bahnhofs hinterlassen Marihuanawolken. Wir fahren am Cypress Freeway entlang zur San Francisco-Oakland Bay Bridge. Ich erinnere mich an das Erdbeben im Oktober 1989, als ein Teil der zweistöckigen Brückenkonstruktion eingestürzt war, über 60 Personen umkamen und Tausende verletzt wurden. Uns hatte es damals nicht getroffen, aber wir waren erschüttert.

Der schmale, zunehmende Mond, der sich im Wasser spiegelt, vermischt sich mit den Lichtern, die San Francisco ankündigen.[25]

JAPAN
ZWISCHEN HIGHTECH UND ZEN

Wenn du deine Hand fest schließt,
gehört dir nichts.
Wenn du deine Hand öffnest,
gehört dir die ganze Welt.
Zen-Buddhismus

Mitte März 2011 besuchen wir während eines Zwischenstopps von Neuseeland kommend Japan und halten uns im Norden von Tokyo auf. Ein paar Tage hatten wir uns vorgenommen, um einen ersten Eindruck zu bekommen.

Es nieselt, als wir durch Naritas Altstadt schlendern. Menschen eilen an uns vorbei und ich merke mal wieder, dass ich über sie mehr oder weniger hinwegsehen kann. Wie oft auf meinen Reisen steche ich auch hier trotz meiner europäischen Normalgröße raus. Ein sonderbares Gefühl, das mich in einigen Ländern immer wieder einmal überkommt. Nicht nur die Japaner:innen sind kleiner, auch Statuen und die im traditionellen Baustil errichteten Holzhäuser, die oft Restaurants, Teestuben und Geschäfte mit ausgesuchten Waren hinter hängendem Stoff im Eingang verbergen. Ohne Kenntnis der Schriftzeichen ist es schwer zu wissen, was sich dahinter verbirgt. Manchmal, wenn der Wind die Stoffbahnen etwas aufwölbt, kann man Glück haben zu erkennen, um was es gehen könnte.

Japan, Narita, Altstadt

Japanische Ästhetik

Etwa der kleine Laden an der einen Seite der Gasse, der ästhetische Papeterie präsentiert und so die blumige Seite Japans: gefaltete Kunstwerke aus buntem Washi- und Origamipapier. Die gesamte Farb- und Musterkollektion passt zusammen. Das Geschäft gegenüber verkauft verschiedene Reispapiere für Shoji-Türen, die das Tageslicht durchlassen, auch Deckenleuchten und Lampions aus unterschiedlichen, oft naturbelassenen oder manchmal bedruckten Materialien. Alle aus Reis angefertigt. Wunderschön. Und Tatamimatten und Holzgegenstände. Alles, was man zum Wohnen im minimalistischen japanischen Stil gerne hat. Und der Laden daneben bietet Kaligraphie-Kurse an. Das Schaufenster zeigt mit Pinsel gefertigte Schriftzeichen in Schwarz auf weißem Papier. Immer kann man erkennen, wo der Pinsel anfängt, ein Zeichen zu werden, bis der Schwung im Arm am Ende einen Schweif hinterlässt. Kombinierte Striche und Schwünge, geheime, zauberhafte Schönheit.

Solche reizvollen Gassen mit ihren japanischen Schriftzeichen zeigen ein stimmiges Gefüge, nur wir störten mit unserer Größe das Bild.

Am anderen Ende ein Garten. Japanische Gärten laden in ihrer Perfektion zur Stille und zur Einkehr ein. Sie sensibilisieren den Geist und den Blick, die Natur besser wahrzunehmen.

Die reduzierte Gartengestaltung, die es überall in japanischen Tempelanlagen und Parks zu sehen gibt, entspricht den Bedürfnissen des Zen-Buddhismus: Beim Betrachten der kargen Flächen und dem täglichen Harken des Kieses mit dem Rechen soll den eigenen Gedanken gefolgt werden. Das ist Meditation, bei sich sein.

Andererseits bietet ein Kiesgarten mit einzelnen größeren Steinbrocken und wenigen Pflanzen eine gewisse Leere, die erst durch das Betrachten mit Leben gefüllt wird.

Am nächsten Tag sieht die Welt anders aus.

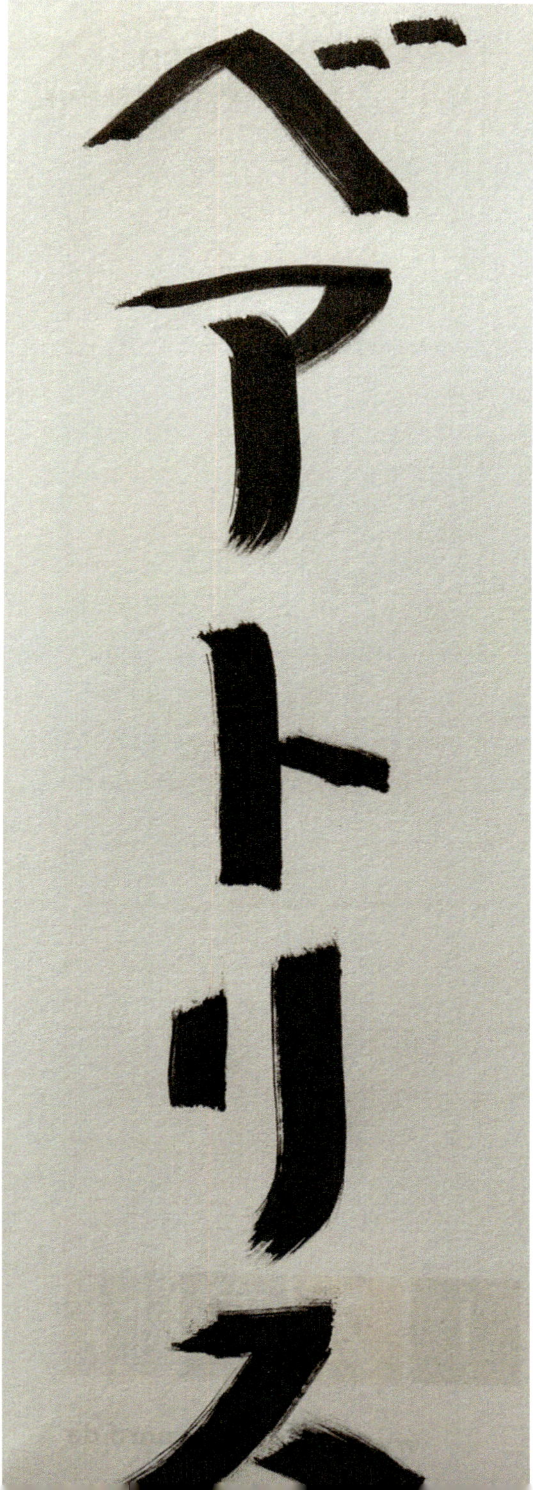
ベアトリス

Verwundetes Leben

Yukiko sitzt mit gesenktem Kopf auf einem Stein am Naritasan Shinshō-ji Temple in Narita, das Gesicht in den Händen vergraben. Es ist der zweite Tag nach dem Erdbeben im Nordosten Japans.

Die etwa 50-jährige Frau flüchtete wie so viele Menschen aus Iwate in den Süden, weil sie davon ausgeht, dass ihre ältere Tochter nach Tokio geflohen sei. Yukiko, ihr Mann und die beiden Töchter lebten im Haus ihrer Eltern am Küstenstreifen Iwate. Ihr Mann war die meiste Zeit in Fukushima tätig und kam ab und zu an Festtagen nach Hause. So war die Mutter mehr oder weniger alleinerziehend und kümmerte sich dazu auch noch um ihre Eltern.

Als am 11. März kurz vor 15:00 Uhr nachmittags die Erde bebt und das Haus knackt und kracht und der Balkon tosend zu Boden stürzt, weiß sie, dass es schlimmer ist als bei den Beben sonst. Zur jüngeren Tochter kann sie keinen Kontakt aufnehmen, sie ist mit Freundinnen unterwegs. Die Ältere meldet sich bei der Mutter und fleht sie an, mit ihren Großeltern und der Schwester in die Mitte des Landes zu eilen. »Geht weit weg von der Küste!«, schreit sie. »Kommt mit, ich bringe euch weg«, bedrängt Yukiko ihre Eltern. Aber die wollen nicht. Die alte Mutter kann kaum noch laufen und die Gräber der Ahn:innen will sie nicht verlassen. Schließlich bündelt Yukikos Vater seine abgemagerte Frau auf den Rücken und will gerade das Haus verlassen, als ein Nachbeben die beiden zu Boden wirft und das Haus einstürzt. So einen ohrenbetäubenden Lärm hat Yukiko noch nie gehört und hält sich die Ohren zu. Als sich der Staub langsam verflüchtigt, steht sie noch immer fassungslos vor dem zugeschütteten Eingang. Sie ist nicht weggelaufen, steht wie angewurzelt vor dem Haus, das ihre Eltern nun begraben hatte. Andere Häuser sind auch eingebrochen, und die Leute schreien. Yukiko ruft immer wieder nach ihren Eltern, aber sie bekommt keine Antwort.

Die Eltern sind tot, der Mann in Fukushima, die Töchter irgendwo, sie hofft in Sicherheit, und sie folgt dem Rat ihrer Ältesten, ins Landesinnere zu rennen, als draußen auf dem Meer sich zuerst das Wasser zurückzieht, die zweite, noch größere Flutwelle auftürmt und sich in die Küste frisst. Viele Menschen rennen so schnell sie können und helfen Menschen, die gestürzt sind. Aus der Ferne sehen sie, wie sich die hohen Wellen des gewaltigen Tsunami aufbäumen, um aufs Land zu brechen und alles zu zerstören. Yukiko und die Menschen drum herum haben Glück, denn sie sind inzwischen zwar nicht weit weggekommen, aber auf einem größeren Hügel gelandet, um den sich das Wasser breit macht und Hütten, Menschen und Bäume geräuschvoll verschlingt und mit sich reißt.

Sie erzählt: »Es ging alles sehr schnell. Ich war still und ruhig geworden, als ich mein Leben schwinden sah. Ich hatte keine Angst mehr und dachte: Durch eine Katastrophe soll also mein Leben enden und das meiner Familie. Als das laute Brechen der Bäume um uns herum nachließ und das reißende Wasser Menschen und Geröll mit sich trug, hatte sich mein Leben verändert. Alles war anders geworden. Aber ich lebe noch.«

Die Menschen auf dem Hügel sind nachdenklich, wollen ihren Rettungsplatz noch nicht verlassen und sehen erstaunt dem nach, was zur Küste geschwemmt wird. Sie können sich nicht vorstellen, was mit den Orten am Wasser geschieht, und an die Kernkraftwerke denken sie nicht. Viele bleiben die Nacht über auf dem Hügel und verbreiten die Nachrichten untereinander, die jemand über sein Handy erfährt. Sie hören, dass die Stromversorgung der Reaktoren in der Präfektur Fukushima abgestellt wird, der Ausnahmezustand, der atomare Notstand ausgerufen und die Evakuierung der Bevölkerung eingeleitet wird.

Yukiko denkt an ihren Mann und ist erleichtert, denn sie geht davon aus, dass Tepco, die Betreiberfirma, ihre Leute absichern wird. Von ihm hört sie nichts.

Später wird man erfahren, dass es einen 110 Kilometer langen Küstenstreifen betraf, an dem sich das Wasser des Meeres innerhalb von Minuten bis 5 Kilometer ins Land und bei Flussmündungen bis 10 Kilometer sich in deren Täler hineingefressen hatte.

Yukiko empfindet sich in der Dunkelheit auf dem Hügel wie abgerissen von ihrer Familie, erstarrt an Körper, Geist und Seele. Auch andere bleiben. Niemand traut dem Wasser, ob es noch einmal kommt. Zur Pazifikküste hin ist alles dunkel geworden. Sie denkt an ihre Töchter und wünscht sich, dass sie es gut überstehen mögen.

Als es am Morgen hell wird, ist das Ausmaß der Vernichtung zu sehen. Die Handys sind inzwischen schwach geworden und verstummen nacheinander, ihres ist schon längst still. Yukiko macht sich auf den Weg zu einer Landstraße und hofft auf ein Auto, das sie in den Süden mitnimmt. Sie hat nichts und niemanden mehr, nur die Hoffnung, die eine Tochter in Tokyo zu finden.

Viele Menschen verlassen das verwüstete Gebiet. Da der Flugverkehr in der Region eingestellt wurde, fahren die Leute die weite Strecke nach Narita, um von dort aus abzufliegen. Yukiko hat Glück, ein Auto nimmt sie die fast siebenstündige Fahrt mit nach Narita. Sie bekommt zu trinken und zu essen und ein wenig Taschengeld gibt man ihr auch. Narita ist nur eine Stunde entfernt von Japans Hauptstadt und ihrer Hoffnung auf die Tochter.

Da sitzt Yukiko nun auf dem Stein am Tempel, traumatisiert und verdreckt, deren Lebensraum und die Gräber der Ahn:innen zerstört sind, deren regelmäßige Abläufe des Alltags für die Versorgung der Kinder und der Eltern und die Gewohnheiten schlagartig nicht mehr nachgefragt werden. Ihren Hoffnungen, die ältere Tochter zu treffen, traut sie auch nicht recht. Und trotzdem wird sie es versuchen.[26]

Wir waren erschüttert und fanden trotz der Katastrophe ein Volk mit geheimnisvoller Seele vor und wussten, dass wir wiederkommen würden.

Blick von den Ogimachi-jō-Schlossruinen

Mit Zügen und Bussen

Bis zu meinem zweiten Besuch in Japan dauerte es einige Jahre. Diesmal, 2019, bin ich mit einer japanischen Freundin (Autorin der japanischen Schriftzeichen im Dokument) unterwegs, die mir natürlich viel erklären kann, so dass mir die geheimnisvolle Seele der Menschen vertrauter wird.

Unser Haupttransportmittel, will man auf weiten Strecken schnell von A nach B kommen, sind Züge, meistens Hochgeschwindigkeitszüge, die erstaunlichen Shinkansen mit ihrer eigenen Reisepoesie. Außerdem stehen viele Regionalzüge und Busse zur Verfügung. Zeitlich immer aufeinander abgestimmt und beeindruckend pünktlich.

Es ist kühl im Hida-Hochgebirge, als der Bus nach etwa einstündiger Fahrt von Takayama mit sieben neuen Gästen im Dorf ankommt. Dennoch sind sie nicht die einzigen, chinesische Tagesausflügler:innen sind bereits von der anderen Seite aus Kanazawa eingetroffen und im Ort verteilt. Takayama, Shirakawa-gō und Kanazawa liegen im Norden von Nagoya, sind historisch reich und per Bus gut erreichbar.

Die Kirschblüte, Hanami (Blüten betrachten), ist längst vorbei, ein kleiner Baum zeigt noch einige Sakura-Blüten. Am Bach strahlen Iriden in dunkelviolett und auf der anderen Seite in blasslila. Shirakawa-gō wirkt einladend.

Shirakawa bedeutet ›weißer Fluss‹ und gō ›Gemeinde‹. 1995 wurde sie mit Gokayama zum UNESCO-Weltkulturerbe ernannt. Beide Orte sind für ihre reetgedeckten, im Gasshō-Zukuri-Stil gebauten Bauernhäuser bekannt, die zum Teil älter als 250 Jahre sind und bis zu 60 Grad steil abgeschrägte Dächer haben, wie die Grußgeste im Buddhismus.

Gasshō-Zukuri bedeutet ›betende Hände-Struktur‹ und bezieht sich auf die zum Gebet gefalteten Hände mit den Fingerspitzen nach oben. Die steilen Dächer bieten im Winter Schutz vor starken Schneefällen und die oberen Geschosse der Häuser konnten früher zur Seidenraupenzucht genutzt werden. In den Bergen wuchsen die dazu notwendigen Maulbeerbäume. Die Blätter wurden vor dem Schnee geerntet, zur Seidenraupenzucht benutzt und in den Wintermonaten weiterverarbeitet, wenn keine Landwirtschaft anfiel.

Wer einen Blick auf das Dorf wünscht, kann zu den Ogimachi-jō-Schlossruinen hochgehen und die idyllische Anordnung der Häuser, der Reisfelder und Gemüsegärten betrachten. Auffallend ist, dass die meisten Häuser in Nordsüdrichtung gegen Wind und Sonneneinstrahlung gebaut wurden, um sie warm beziehungsweise kühl zu halten. An den Wochenenden im Februar und März werden die schneebedeckten Häuser geheimnisvoll erleuchtet. Wer möchte, kann das Gasshō-Zukuri Minka-en-Freiluft-Museum mit über 20 Gasshō-Häusern besuchen und über Konstruktion und Baustil und das Leben der Menschen lernen. Bekannt ist das Wada-ke Haus, in dem immer noch zwischen Juli und August 500 Seidenraupen gezüchtet werden. Es soll aus dem Ende der Edo-Zeit (1603–1868) stammen. Auch sehenswert ist das Kanda-ke-Haus. Hier kann man sich an einer Feuerstelle wärmen und in einem Kessel gekochten Wildgras-Tee trinken.

Das Shirakawa-Dorf ist für Tourist:innen ein idyllischer Ort, für die 1.600 Einwohner:innen nicht immer, wenn sie alljährlich von rund 1,8 Millionen Besucher:innen überfallen werden, von denen knapp 36.000 übernachten. Um dieses Weltkulturerbe vor Brand zu schützen, soll es ein ausgeklügeltes System mit im Boden versteckten Wasserdüsen geben, die sofort aktiv werden.

Das Guest House KEI wirkt luftig und leicht und riecht angenehm nach frischem Holz. Ein junges japanisches Paar und ein amerikanisches sind eingebucht, auch eine ältere Japanerin und ich. Abends treffen wir uns zufällig am großen Tisch zum Essen. Die Japaner:innen bevorzugen vorgefertigte Reishappen aus der Obentō, einer Plastikbox. Die US-Amerikaner:innen Hamburger und ich einen gemischten Salat und Reiskuchen mit roter Bohnenpaste. Grüner Tee vereint uns.

Ich habe fast drei Wochen der Reise hinter mir und noch zehn Tage vor mir. Die aus Texas gönnen sich insgesamt zehn Tage für Japan und verbringen die meiste Zeit in Zügen. Die Japanerin im Guest House hatte einst zehn Tage für Europa gebucht.

Nach ein paar Tagen in Seoul, Südkorea, geht es nach Nagoya auf Honshū, der japanischen Hauptinsel. Dann vom Flughafen zur Freundin nach Toyohashi im Südosten. Von hier aus starten wir die Zugreise mit dem Shinkansen nach Nagasaki. Die annähernd 1.000 Kilometer sind mit dem Auto in fast zwölf Stunden zu schaffen, mit dem Hochgeschwindigkeitszug in knapp sieben Stunden. Pünktlich auf die Sekunde und im genau vorgegebenen Abschnitt auf dem Gleis hält der Zug. Das wird sicher auf allen Bahnhöfen und Zügen so sein. Nicht nur die Züge und ihre Reisepläne zeigen, dass das öffentliche Leben in Japan weit perfekter durchdacht ist als in Deutschland.

Tree of Life

Der starke Regen in Nagasaki verdunkelt die Stadt, die Stimmung ist passend zum Atombombenabwurf am 9. August 1945, als fast die Hälfte der Stadt durch das Militär der USA zerstört wurde. Am nächsten Tag im Friedenspark können Fetzen blauen Himmels nicht befrieden bei all den Informationen über die Schrecklichkeit. Tröstlich aber wirken die Geschenke gegen Krieg und für Frieden, die aus aller Welt sich im Park präsentieren. Der ›Tree of Life‹ der Anango aus Australien und das schwungvoll perforierte Edelstahlgebilde der Neuseeländer:innen auf dem runden, mit Green- und Whitestone eingelegten Platz sind besonders beeindruckend.

Drei Tage vor Nagasaki traf es Hiroshima durch den ersten Einsatz einer Atombombe, die knapp 90 Prozent der Stadt zerstörte. Der Atomic Bomb Dome mit seiner transparenten Kuppel mahnt und erinnert als Friedensdenkmal. Es kann verwunden, sich mit dieser Geschichte zu beschäftigen. Umso heilsamer ist ein Besuch auf der nahe gelegenen Insel Miyajima, die zu den schönsten Landschaften Japans gehört und ein UNESCO-Weltkulturerbe besitzt. Das markante rote Torii und der prächtige, auf Pfählen gebaute Itsukushima-Schrein stehen im Wasser. Zur Ebbe später laufen Besucher in Scharen zum Torii.

Miyajima, das rote Tori

Dieser heilige Ort ist ein Zentrum des Shintōs, Japans Urreligion, die noch bis zum 6. Jahrhundert, also vor dem Buddhismus, den Glauben und die Identität der Japaner:innen prägte. Der Shintō kann sich mit seinen vielen religiösen Glaubensformen und Gottheiten etwa in Tieren, Plätzen, Bergen oder Inseln zeigen. So wurde Miyajima selbst zur Gottheit und sollte ›rein‹ bleiben. Frauen sollten die Insel nicht verunreinigen und durften erst im letzten Jahrhundert die Insel betreten. Gebärende und Sterbende wurden auf das Festland gebracht.

Drollige Rehkitze, freche Böcke und mächtige Hirsche verfolgen die Tourist:innen, sobald sie ihre Brottüte öffnen. Auch wenn man sie nicht füttern soll, sind sie es gewohnt, etwas abzubekommen.

Wir übernachten in einem Ryokan, einem traditionellen Gasthaus, das man sich als besonderes Erlebnis vornehmen sollte, möchte man japanische Höflichkeit und Ästhetik in Perfektion erleben. Hier lauern Fettnäpfchen. Zu einer gebuchten Nacht gehört der Übernachtungsraum mit Kimono und Schlappen, Frühstück und Abendessen, Nutzung des Onsen und der besonders freundliche Service.

Ein weiteres Highlight und Weltkulturerbe ist ein Besuch bei den Mönchen auf der Hochebene von Kōyasan. Von den 7.000 Menschen, die hier leben, besteht die eine Hälfte aus Mönchen, die andere aus ihren Familien und anderen.

Die Anreise mit dem Regionalzug durch Wälder und vorbei an riesigen Hortensien bis zum Fuße des Berges lässt ein besonderes Abenteuer ahnen. Mit der rot-weißen Seilbahn geht es weiter hoch hinauf und schließlich mit dem Bus in den Ort. Auch hier durften Frauen den Berg lange nicht betreten. Ein Besuch im buddhistischen Kongōbuji oder in einem anderen der 110 Tempel und auf dem mystischen Friedhof mit seinen 200.000 Gräbern, in denen auch Kaiser, Samurai, Shogune begraben sind und ganze Bereiche für berühmte Firmen zur Verfügung stehen (Panasonic, Sharp, Toyota), lohnt sehr.

In einem der Klöster zu übernachten, an der Meditation teilzunehmen und traditionelle vegetarische Kost zu genießen, ist ein sinnliches und vielleicht auch spirituelles Erleben.

Auf dem Weg nach Kyōto lohnt sich ein Abend im Nō-Theater in Ōsaka. Die traditionelle Sprechgesang-Kunst geht auf das 14. Jahrhundert zurück und ist ein Drama, das von göttlichen und menschlichen Phänomenen handelt und von Ungeheuern und Wahnsinn. Auch sonst ist Ōsaka reizvoll.

In Kyōto gießt es und die Schuhe sind durchgeweicht. Vier Nächte in einem Ryokan in der Altstadt bieten Schutz und Erholung und trockene Schuhe am nächsten Morgen. Sie wurden elektrisch getrocknet, das ist Ryokanservice.

Kyōto ist das kulturelle Zentrum Japans. Man mag sich nicht vorstellen, dass der Ort einst mit der ersten Atombombe zerstört werden sollte und gerade noch gerettet wurde. Heute zählen viele Bauwerke im Ort zum Weltkulturerbe. Die geometrisch angeordnete Altstadt, diverse traditionell erbaute Häuser; Markthallen mit klassischen Speisen und handwerklichen Gegenständen, wie Papier, Messer, Schwerter, Werkzeuge; der Kaiserpalast; viele Tempel und Schreine; das Leben am beschaulichen Fluss und der malerische Philosophenweg: Kyōto ist reich an Kulturschätzen und für mich die schönste Stadt Japans.

Die Chefin des Ryokan empfiehlt einen Spaziergang zu den Geishas in Gion, auf der anderen Seite des Flusses, wo junge Frauen als Maiko (Schülerin) in Ästhetik, Manieren und Unterhaltungskunst ausgebildet werden. Im 17. Jahrhundert wurden auch Frauen als Geisha bei Hofe zugelassen. Mehrere Jahre Ausbildung sind nötig, um den passenden Obi (Gürtel) über den seidenen Kimono zu binden; in kleinen Schritten auf Holzpantoffeln mit hohen Sohlen zu stolzieren; die Schminktechnik mit weißer Paste, roter und schwarzer Farbe elegant zu nutzen; sich tänzerisch geschickt zu präsentieren; Kalligrafie, Trommel, Bambusflöte und Laute zu beherrschen und auch mit Konversation und Teezeremonie zu beeindrucken. Und sie berichtet über die Teezeremonie, Sadō (auch Chadō, Weg des Tees), die einer alten Philosophie folgt, basierend auf innerer und äußerer Reinheit, auf Werten und Ästhetik des Zen-Buddhismus. In Kyōto werden Schulungen für Profis zur Weiterbildung und Vertiefung angeboten, denn die Perfektion des Sadō will lange geübt sein. Und auch über Kalligrafie spricht sie. ›Das ist meins, nichts wie hin‹, denke ich, doch die Lehrerin, die ich schon vorher kontaktiert hatte, ist kurzfristig erkrankt.

Nach Nara, eine sehr alte Stadt, die reich an Tempeln und Schreinen ist, und Toyohashi wartet der Fujisan, den man mit Glück vom Zug aus sehen kann. Der heilige Berg will sich am nächsten Tag dann doch nicht zeigen. Pech gehabt.

Am Ende das überwältigende Tokyo.

Mannomann![27]

東京

Besuch in einem Ryokan

Meine Freundin hatte die Unterkünfte organisiert. Ich war sehr gespannt auf die Ryokan-Kultur und voller Vorfreude. Es war immer ein besonderes Erlebnis, besonders im Ryokan in Kyōto.

Ein Ryokan ist ein Gästehaus, gewöhnlich im traditionellen Baustil aus Holz und Papier für die Shoji-Türen und Wände gebaut, das Dach aus Schilf oder Ziegeln. Die Wohnräume führen durch eine leichte Tür und über Trittsteine in den kleinen, mit regelmäßig beschnittenen Bäumen und Büschen hübsch inszenierten Garten, oft mit Wasserspiel. Oder Wasserbecken, die dem Säubern der Hände und symbolisch auch dem inneren Reinigen dienen. Auf Trittsteinen zu laufen geht nur achtsam und mit voller Konzentration, wobei der Geist gestärkt und für die Schönheiten der Umgebung aufmerksamer wird. Hier soll sich der Alltag mit der Natur verbinden, so die buddhistische Lehre dieser künstlichen Natürlichkeit.

Die städtischen Ryokan, in denen wir gewohnt haben, sind in Familienhand, minimalistisch eingerichtet und dennoch mit jeglichem Hightech-Komfort.

Kyoto, Ryokan
Abendessen

Wer ankommt, wird von Kimono tragenden Frauen freundlich begrüßt, die das Gepäck zum Zimmer tragen. Service ist alles. Noch im Foyer des Hauses bekommen wir Hausschuhe, die wir nur innerhalb des Ryokan tragen sollen. Unsere Straßenschuhe bleiben am Eingang. Wir erhalten ein feuchtes Tuch zum Reinigen der Hände. Reinheit von Körper, Geist und Seele ist die Basis der japanischen Kultur und bietet die Möglichkeit, schlechte Gedanken an der Schwelle abzulegen, sagt einer, der sich um unsere Straßenschuhe kümmert. Die Schuhrituale erfordern meine gesamte Konzentration. Unseren gebuchten Raum dürfen wir nur mit Strümpfen (Zehensocken) begehen, Tatamimatten werden nicht mit Schuhen betreten. Gut so, denke ich mir, man lebt hier auf dem Boden. Vor der Toilette stehen spezielle Schlappen, die nur im Toilettenraum getragen werden sollen und dortbleiben. Sollten wir in den Garten gehen wollen, stehen spezielle Holzschuhe zur Verfügung.

In jedem Gästeraum befindet sich ein Tisch mit zwei niedrigen Sitzmöglichkeiten und eine kleine Nische, Tokonoma genannt, die mit einem Wandgemälde (oft Kalligrafie) und mit einem nach buddhistischen Vorgaben ausgesuchten Ikebana-Blumengesteck dekoriert ist. Sehr schön.

Kaum sitzen wir im Schneidersitz am Tisch, wird Tee serviert. Die Frauen, die in dem Ryokan für uns Frauen und das Zimmer zuständig sind, bringen einen leichten Kimono (Yukata) aus Baumwolle und eine Jacke (Chabaori). Im Winter würden wir einen gefütterten Kimono (Tanzen) bekommen. Dann werden wir über die Essenszeiten und Speisen informiert und wann der Onsen geöffnet ist, denn vor dem Abendessen könnte man sich im Onsen entspannen. Alle Ryokan haben Gemeinschaftsonsen, an manchen Zimmern gibt es zusätzliche Baderäume mit vorbereitetem dampfendem Wasser in mit Holzplatten bedeckten Becken.

Im heißen Wasser eines Onsen zu baden, hat in Japan eine lange Tradition: sich mit anderen zu treffen, zu plaudern, jedenfalls zu erholen. Ein heißes Bad zu nehmen ist Wohlbefinden. Während es in vielen Regionen Japans in spektakulärer Natur heiße Quellen gibt, haben Ryokan meistens sehr schöne Baderäume, oft mit Blick auf den kleinen grünen Zen-Garten mit Wasserspiel. Im Onsen wird nackt gebadet, in Gemeinschaftsonsen oft nach Geschlechtern getrennt. Wir benutzen einen Waschlappen und ein kleines Handtuch, um uns zu waschen und ein großes zum Abtrocknen. Die Kleidung bleibt in einem Korb im Vorraum.

Im nächsten Raum, dem Waschraum, sind Sitzschemel, Seife und Wasserbehälter vorhanden, damit man sich im Sitzen penibel schrubbt und mit heißem Wasser abspült, bis die Seife restlos aus den Haaren und vom

Körper abgewaschen ist. Wir machen es den anderen nach: kühlen den Waschlappen in kaltem Wasser, legen ihn auf die Stirn und steigen im nächsten Raum langsam in das Heißwasserbecken, in dem wir nicht die Ersten sind. Es kommt mir anfänglich heiß vor, während meine japanische Freundin keinen Ton von sich gibt. Nach zehn bis zwanzig Minuten sind wir entspannt und schließlich zum Abendessen bereit.

In vielen Ryokan werden die Mahlzeiten im Zimmer serviert, manchmal aber auch in Gemeinschaftsräumen. Dann werden im Zimmer Futon auf der Tatamimatte ausgerollt und ein guter Schlaf ist sicher.

Klosterstempel

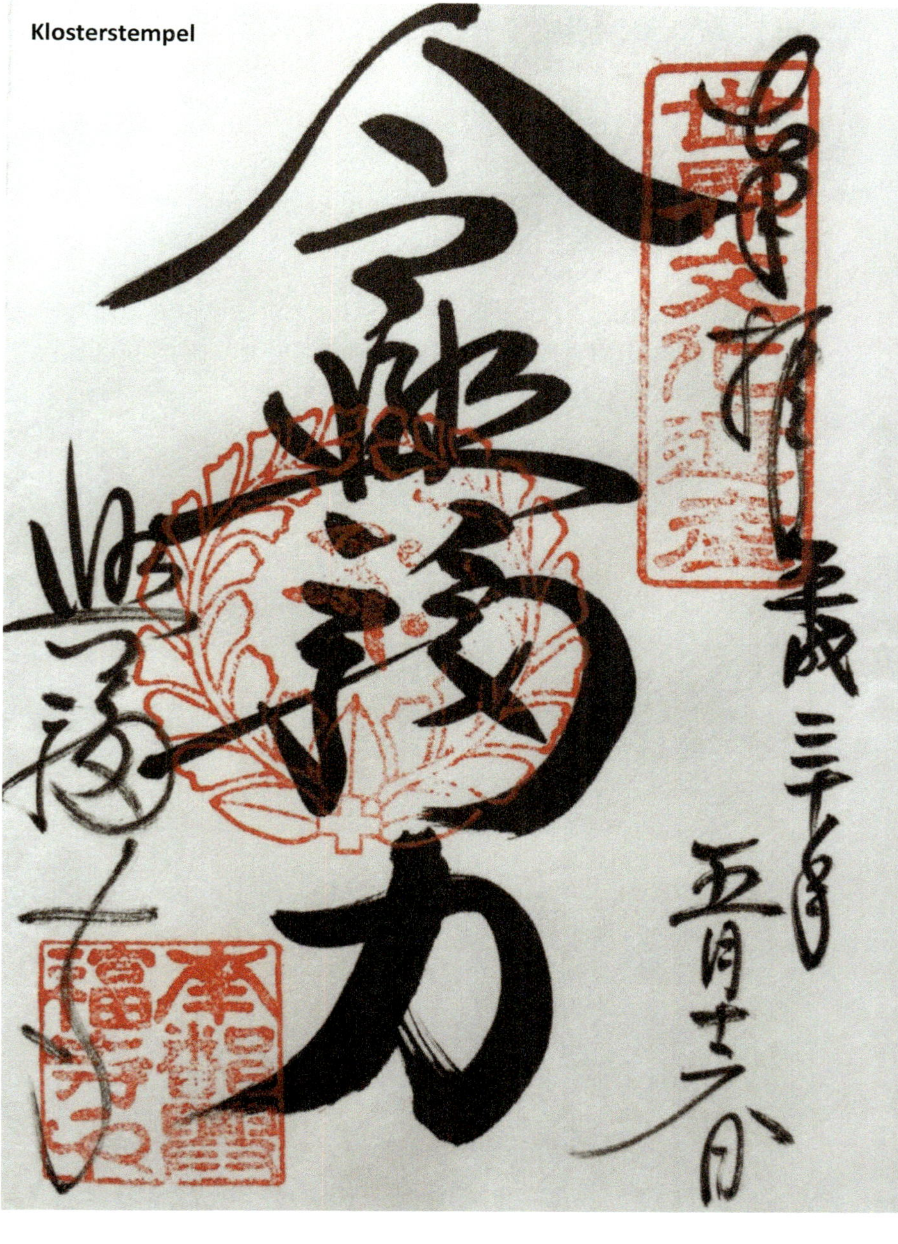

Was bleibt in Erinnerung?

- Sittenstrenge, Ästhetik und Präzision in allem, was das Japanische ausmacht.
- Sauberkeit und Sicherheit überall im Land. Meine verlorene Handtasche wurde mir mit allem hinterhergetragen.
- Hightech-Klosetts mit angewärmten Toilettenbrillen und Geräuschverhinderung.
- Sekundengenaue Züge und die sich vor den Zugführer:innen verbeugenden Bahnangestellt:innen auf dem Gleis, wenn der Zug einfährt.
- Übermüdete Fahrgäst:innen in U-Bahn, Bussen und Parks in den Städten.
- Speisen in Plastikboxen, die überall zu kaufen sind.
- Plastikmüll und anderer Abfall, der in der Öffentlichkeit nicht entsorgt, sondern nach Hause oder ins Hotel mitgenommen werden soll.
- Naturgenaues Fake Food aus Kunststoff vor Restaurants, um zu präsentieren, was angeboten wird.
- Sake, aus poliertem Reis hergestelltes alkoholisches Getränk, besonders der Sake aus Kyotō.

- Die auf Reisen praktischen One Cup Coffee Filter, faltbare Papierfilter, über eine Tasse spannbar, gefüllt mit einer Portion Filterkaffee zum Aufgießen.

- Reisegepäck durch den Hotelservice zu verschicken, was viele Japaner:innen nutzen.

- Preisgünstige Schlafkabinen in sogenannten Kapselhotels.

- Freitags Proteste vor der Residenz des Premierministers gegen Atomkraftwerke.

- Der Bericht der Japanerin im Guest House KEI in Shirakawa-gō über Hikikomori.

- Sich überraschen lassen.

- Schließlich ein weiterer Einblick in die geheimnisvolle Seele Japans.

現代アートの学校「MAD」
2018年度受講生募集
School of Contemporary Art
Organized by AIT
MAKING ART

HIKIKOMORI

Dieses Phänomen hat mich sehr berührt. Hikikomori werden junge Personen, meistens Männer, genannt, die aufgrund von Versagensangst ihre Zimmer kaum verlassen und sich der Gesellschaft verweigern. In Japan geht man inzwischen von 1,2 Millionen Menschen aus, die sich zurückgezogen haben. Zum Teil schon seit 20 Jahren. Bei einer Bevölkerungszahl von über 125 Millionen im Jahr 2021. Sowohl die Personen als auch das Syndrom wird Hikikomori genannt. Es hat sich durch Corona verstärkt und ist inzwischen auch in Europa beobachtet worden.

Was treibt die jungen Menschen zum Rückzug? Die Japanerin, die ich im Guest House KEI in Shirakawa-gō traf, vermutete Folgendes: »Sie haben Angst, fühlen sich für das Leben eines Erwachsenen nicht stark genug, sind deprimiert oder leben sogar mit einer Depression. Den Eltern ist das sehr peinlich.« Ein Hikikomori berichtet: »Meine Eltern haben Vorstellungen, wie mein Leben sein soll und von außerhalb kommt der zusätzliche Leistungsdruck. Mir machte das Angst. Ich konnte nicht mehr atmen und denken wegen der Geschwindigkeit, mit der sich immer alles verändert, schneller und hektischer wird. Ich bin schon lange aus dem Rad gefallen.«

Wer nicht Schritt halten kann oder nicht möchte, gehört nicht dazu. Viele, die nicht mithalten, reagieren panisch und verweigern sich. Wer erst einmal das Zimmer eine gewisse Zeit nicht verlassen hat, findet schwerlich wieder raus.

Japanische Psychologen haben sich längst darauf eingestellt. Aber wie will man junge Menschen therapieren, die nicht zu ihnen kommen? Einige gehen in die Wohnungen und sprechen vor verschlossenen Türen mit der betroffenen Person. Das ist sehr mühsam und langwierig.

Um was geht es beim Reisen?

Reisegefährten
Geheime Augenblicke
Bald wieder vorbei[28]

Wir Menschen sind gerne unterwegs, weil wir mobile Wesen sind und den Kontrast zum Alltag wünschen. Das ist ein Grund zu reisen.

Reisen hat zwei Aspekte: Die eine Seite ist nach außen orientiert, sucht fremde Länder, unbekannte Kulturen und neue Erfahrungen in Orten und mit Menschen, die man vorher nicht kannte. Die andere ist nach innen orientiert. Dabei geht es darum, selbst anders zu sein, eine andere Rolle einzunehmen, sich unterwegs anders zu verhalten als zu Hause, sich etwas zu trauen, den Alltagsrahmen zu verlassen, aufzubrechen und zu einem anderen Bild von sich zu reisen. Die Sehnsucht nach dieser Art Lebensreise ist meist unbewusst, kann aber stärker sein als die, die sich nach außen richtet und schneller zu beschreiben ist, wenn etwa die Anzahl der besuchten Länder stolz genannt wird. Reisen ist außerdem für die einen die Sehnsucht nach Sinn und Prestige, für andere nach einem Leben, das sie als ideal bezeichnen. Ein Leben, manchmal auf der Suche nach Ruhe und Einkehr, ein Leben, das sie zu Hause nicht führen und unterwegs auch nur selten antreffen. Oft ist die Reise eine Enttäuschung, aber die Sehnsucht bleibt.

WER UNTERWEGS LERNT,
DIE WELT MIT DANKBAREN AUGEN
ZU SEHEN UND WERTZUSCHÄTZEN,
BEKOMMT EIN GROẞES STÜCK
VOM GLÜCK AB.[29]

Begegnungen mit anderen Nomaden

In der Philosophie des Reisens spricht Alain de Botton[30] von Nomaden und Bauern, von Freiheit und Sicherheit. Jeder Mensch verkörpert beides, verschieden ausgeprägt. Die Menschen, die mir auf meinen großen Reisen begegnet sind, waren und sind eher nomadisch, Personen mit großem Freiheitsdrang und flüchtig gewordenem Heimatgefühl. Sie lieben den Aufbruch, den Neubeginn und in Bewegung sein. Manche verlieren sich im Rausch des Unterwegsseins. Auf Reisen trifft man sie in Transitorten (A. de Botton), wie am Flughafen oder im Busbahnhof, auf Plätzen und Anlegestellen, an Häfen und in Übernachtungsstätten.

Oft reiste ich allein und beobachtete andere, die auch allein unterwegs waren. Manchmal tat ich mich für eine Weile mit anderen zusammen. Und da ich mich gerne mit Menschen unterhalte, konnte ich viele Reiseerlebnisse und private Informationen sammeln. Wer Reisen als eine Lebensreise begreift, ist ziemlich offen für Begegnungen, nicht nur mit der Bevölkerung, sondern auch mit anderen Reisenden. Es gibt zahlreiche Geschichten von kürzeren und längeren Begegnungen unterwegs, von Hoffnungen und Lieben, und von Trennungen.

Drei junge Menschen, die ich in den USA treffe, 20 bis 25 Jahre alt, erzählen über ihre Liebesbegegnungen. Hilda aus Südafrika ist die ältere und reiserfahrene: »Zu Beginn werden geheime Augenblicke jener ausgetauscht, die in der Lage sind, ihre Gefühle mit anderen zu teilen. Dann wirken die Worte, geschriebene Texte mit Emojis erst recht, die Stimme vielleicht auch. In der Intimität der Fremdheit verleiten Gespräche dazu, sich wohl und nahe zu fühlen und die Lücke der Sehnsucht zu füllen. Fast alles kann anvertraut werden und Bilder voneinander kreiert, angereichert mit Hoffnung und Wünschen, in eine vertrauensvolle Beziehung zu gleiten, und vielleicht sogar sich zu verlieren: Im tropischen Regen zu tanzen, den Dünen runterzurollen oder im Duft eines Waldes sich ekstatisch zu küssen.«

Fred aus New York scheint einige Liebes- und Trennungserfahrungen gemacht zu haben. Die letzte hängt ihm noch nach: »Und wenn ein Bruch kommt, weil für eine Person nichts mehr passt, bleibt die andere mit ihren Gefühlen zurück. Wer sich verabschiedet, trägt oft keine Verantwortung mehr.« Mona aus Ägypten, die Jüngste der Gruppe, ergänzt: »Denen, die zurückbleiben, fällt das schwer. Wer könnte die eigene Sehnsucht verraten, die zu Beginn ausschlaggebend war?«

»Abschied ist immer ein bisschen Sterben«, sagt Hilda, »wenn die Begegnung mit Wünschen und Wahrhaftigkeit einherging. Es gibt Menschen, die sich sagen, sei's drum und weg sind sie. Und andere, die verstehen wollen, was geschehen ist. Wenn es für sie eine wertvolle Person war und noch ist, neigen sie dazu, das Bild offen zu halten und Neues zu integrieren und sei es auch die Komplexität, die Ambivalenz und Brüchigkeit der Person. Dazu braucht man Stärke, denn das muss man sich erst einmal zutrauen.« Hilda hatte sich das zugetraut, blieb aber dennoch zurück. »In Zwiegesprächen lebt die Zweisamkeit weiter, denn Fragen sind noch nicht beantwortet, etwa: Was war ich für Dich im Zusammensein?« Das Infragestellen dessen, was vor dem Bruch gewesen ist, bevor sich der oder die andere verändert hat, als die Selbstbeschreibung sich noch anders anhörte, wirkt nach und wünscht Aufklärung.

Es ist jedenfalls schwerer, das Bild als die Person selbst zu verabschieden, denn das hat mit einem selbst zu tun.

Viele der allein oder zu zweit reisenden Frauen und Männer, die wir als Paar später trafen, waren viel jünger. Ende der Sechziger, als wir jung waren und in der Ferne etwas finden wollten, trug uns der Übermut fort, federleicht und unbekümmert. Wir ahnten noch nichts von der Notwendigkeit der Natur fürs Leben und dem

Gemeinsinn der Bäume, die sich mit dem Geflecht der Pilzwurzeln unter der Erde über weite Gebiete hinweg verknüpfen. Wir mussten erst lernen, uns mit den Menschen, die wir im anderen Land trafen, zu vereinen. Nicht nur zu unserem Wohlbefinden, auch für die Sicherheit.

Australien, Kakadu-Nationalpark

Die Nirgendwos

Maria begegneten wir vor fünfzehn Jahren auf Fidschi, als wir vom Flughafen in der Hauptstadt Nadi mit dem Bus nach Suva reisten, um dann weiter auf die Insel Ovelau zu kommen.

Die junge Frau mit ihrem roten Rucksack ist schon lange unterwegs und will noch nicht nach Hause. Die meiste Zeit trampt sie von Stadt zu Stadt und lebt insgesamt sehr preisgünstig. Sie sei unterwegs, um ihren Weg zu finden. »Ich habe keine Idee, was ich sonst mit meinem Leben machen soll, außer Reisen und unterwegs arbeiten, um erneut zu reisen.« Sie habe, wie sie sagt, für die bunte Flora der Insel kein Auge und die süßlichen Gerüche finde sie eher unangenehm. Wie kann das nur sein, denke ich, die bei jeder Reise vor unbekannten Pflanzen stehen bleibt. Maria erzählt über ihr Leben, über die Auflösung und ihre Vereinsamung in der Familie und auch auf der Reise. Sie fühlt kein Wurzelgeflecht, das sie trösten und ihr weiterhelfen kann. »Habe ich eine Heimat und wer gehört dazu?« Sie sehnt sich zwar nach Daheim und weiß doch nicht wohin und mit wem. Und misstraut dem, was sie ›Daheim‹ nennt, eine erhoffte Zuflucht auf Wärme und Vertrautheit, auf Gemütlichkeit und Zuneigung und Inanspruchnahme. »Das ist eine schöne Illusion, so war es nie. Die Heimat fühlt sich gruslig an, ist zerbrochen.« Die junge Frau fragt sich ängstlich: »Gehöre ich zu den mobilen Nirgendwos?«, zu denen, die ungebunden sind und doch Sehnsucht nach sicherer Bindung haben.

Heimat in einer modernen Gesellschaft

Was kann Heimat sein und wer gehört dazu? Die meisten Menschen denken dabei an verlässliche Beziehungen und Geborgenheit, an Verbundenheit und Vertrautheit. Das verspricht Wärme, sagt Wilhelm Schmid in seinem neuen Buch[31]. Heimat ist heute für die meisten aber kein Ort mehr, an dem sie aufgewachsen sind. Heimatpuzzles sind viel mehr und vielfältiger geworden.

Was aber heißt Heimat, wenn die innigsten Beziehungen über Kontinente verteilt sind? Dann wird es schwierig, Wünsche wie Solidarität und Unterstützung dort zu erhoffen, wo man selbst lebt und die anderen nicht. Oder wenn der engste Partner beziehungsweise die Partnerin verstorben ist, ist auch das vertraute Daheim zerstört. Heimat ist für viele flüchtig geworden und wer viel reist, wird schließlich ein bisschen fremder in der Welt, aus der man kommt.

Weil wir mobile Wesen und die Jüngeren zumindest immer häufiger unterwegs sind, können wir ein individuelles Netz von Zugehörigkeiten bilden, in das wir alles integrieren, was uns ausmacht und eine Seelenheimat[32] schafft. Das können Beziehungen zu unterschiedlichen Menschen sein, oder Erfahrungen an verschiedenen Orten, auch Denkweisen, politische Überzeugungen und Lebensstile oder ein Engagement für Natur und Kultur oder Ethik und Spiritualität und vieles mehr. Um sich verbunden zu fühlen, gehört heute auch die Nutzung der digitalen Welten dazu. All das kann ein Gefühl von Heimat geben. Wer nicht mitmacht oder zum Beispiel wegen einem migrantischen Hintergrund nicht mitmachen kann, lebt in einer Gruppe oder Gesellschaft, die befremdlich wirkt. Manche fühlen sich ausgeschlossen.

Kann es die einzige Heimat geben? Für viele Personen wahrscheinlich nicht. Nicht die Straße, der Ort, das Land oder Europa reichen aus. Je mobiler Menschen leben und je vielfältiger ihre Communities und Gesellschaften ausgeprägt sind, desto mehr bilden sich Ideen und Möglichkeiten für einen sich stets modifizierenden Heimatbegriff. Darin liegt Veränderung und Entwicklung und die Vorstellungskraft zur Transzendenz für neue Heimaten.[33]

REISEN IST MEHR ALS EIN ORTSWECHSEL

Unterwegssein ist älter als sesshaft zu sein. Unterwegssein kann sich so vertraut anfühlen, dass es unter Umständen heimatlich wirkt. Reisen kann die Suche nach Heimat sein.

Zu Beginn unserer Reisen vor mehr als 60 Jahren war uns nicht bewusst, dass wir mit den Aufgaben, die wir zum Beispiel Anfang der 70er-Jahre in Afghanistan hatten, einen Rollentausch eingehen würden und uns auch anders verhielten. Ich konnte zum Beispiel, weil ich als Krankenschwester in einem von Deutschland unterstützten Projekt arbeitete, ins Gesundheitsministerium gehen, afghanische Kolleginnen jedoch nicht. Warum nicht?

Reisen ist eben nicht nur ein Ortswechsel. Reisen kann, wie oben beschrieben, einen Statuswechsel mit sich bringen und ein anderes Verhalten dazu. Da muss man schon mit Respekt und Würde versuchen, sich in die örtlichen Verhältnisse einzubringen, ohne sie auszunutzen.

Damals schon merkten wir, dass man sich auf Reisen mitnimmt, Gedanken und Probleme von daheim dabei hat, und doch auch etwas zurücklässt. Nicht alles schleppt man mit. Vieles, was vielleicht in der anderen Welt gesucht wird, etwa Erfüllung für das eigene Leben, findet man nicht zwangsläufig und kann unter Umständen nur nach der Rückkehr daheim gefunden werden. Einsamkeit kann forttreiben, kann die Reise begleiten und wieder heimführen. Unterwegs entstehen oft Fragen zur Verbundenheit mit daheim, mit der Familie, den Freunden, der Gesellschaft. Zu wem gehöre ich? Wer gehört zu mir, zu meiner Familie, fragte sich die 20-jährige große Frau aus Oslo. Und spielte mit ihren hellblonden, flauschigen und locker gebundenen Haaren, die über dem roten Rucksack ruhten.

Die meisten der Weltenbummler:innen, die wir trafen, waren viel jünger, nur einige älter als wir. Mitte bis Ende sechzig fühlten wir uns noch zu allem fähig. Wann waren wir nicht mehr die Jungen, wann in unserem Leben änderte sich das? Wann begann das Älterwerden, uns enger zu umschlingen? Es schlich sich an, ohne dass wir es bemerkten. Ein Abgrund später veränderte alles.

Als die Welt im Corona-Schock erstarrte, waren zwar weniger Reisende unterwegs, aber Covid-19 trieb nicht alle nach Hause. Manche sogar weg. Kleine Fluchten. Als könne man das krank gewordene Daheim nicht ertragen.

In den Urlaub fahren, was nun doch viele tun, obwohl es in den meisten Ländern der Welt noch immer nicht ausreichend Geimpfte gibt, oder eben Reisen sind zwei Paar Schuhe.

VERDAMMT, ZU HAUSE ZU BLEIBEN

Die Nicht-Reisezeit, während Corona die Welt bereist, liegt schwer auf der Seele. Gemeint sind nicht Radtouren, Wanderungen im Harz oder eine Schiffsreise auf dem Rhein und auch nicht eine Woche auf Kreta, sondern der Hunger nach entfernten Welten jener Globetrotter, die mit allen Sinnen in die Ferne reisen und wenn sie Glück haben doch noch etwas Neues entdecken.

Auch wenn fast jeder Zipfel der Erde schon mal erkundet und dokumentiert wurde, habe ich noch lange nicht alle Flecken aufgespürt. Wie lehrreich waren die bisherigen Fernreisen dort, wo ich war, mich fremd fühlen zu dürfen, wo mich Eindrücke so überwältigt haben, dass ich es mit Grenzen zu tun bekam. Etwa das Reisen und Überleben in der afghanischen Wüste Seistan oder das Entdecken unbekannter Pflanzen und Tiere in Ozeanien, grelle Lichtverhältnisse, Schwüle und ungewöhnliche Düfte auf asiatischen Märkten. Auch die einzige weiße Frau unter schwarzen Menschen irgendwo in Afrika zu sein, kann zur Herausforderung werden. Verhaltenskodizes in der arabischen Welt oder in Japan zu verstehen auch. Und jedenfalls das Akzeptieren der eigenen körperlichen und psychischen Befindlichkeiten unterwegs, die selbstverständlich nicht ausbleiben.

Wie kann man danach Sehnsucht haben? Alles, was woanders fremd ist und beherrschbar, jede Grenze, die überwunden werden muss, um in der Fremde zu bestehen, erfordert oft Mut und will besiegt werden. Im Ausdehnen meiner Lebenswelt tanze ich auf den Grenzen der Fremde und erlebe mich bisweilen als Siegende. Und schon bin ich an Erfahrungen reicher. Darum geht es im Fernweh. Das spüren besonders diejenigen, die es gewohnt sind, sich von der Fremde herausfordern zu lassen.

Die Wüsten sind groß und man trifft viele Tage niemanden. Da kann man den Pandemiegefahren und den endlosen Diskussionen darüber immer wieder aus dem Weg gehen. Heilendes Reisen.

Namibia

Wüstenpoesie

Wachsen und Leben
Der Geist braucht sein Gegenteil
Um zu verstehen[34]

Ich bin gerne in der Wüste. Ein Drittel der Landfläche der Welt besteht aus Savanne, Steppe und Sand. Wer glaubt, Wüsten seien langweilig, der täuscht sich sehr. Es können magische, riesige Flächen mit wohlgeformten Dünen sein, mit einer Vielfalt an Tieren, Gestrüpp und sonstigen robusten Pflanzen. Andere bestehen aus farbigen Gebirgen mit faszinierenden Felsfiguren. Durch Wüstenlandschaften führen ausgetrocknete Flüsse, die Wadis, und immer wieder trifft man auf fruchtbare Oasen. In der unendlichen Weite gelangt man schnell in ein verlangsamtes Lebenstempo, kommt zu sich, wird nachdenklich, vielleicht auch demütig und sammelt Kraft für Neues.

In fast jeder meiner Wüstenreisen bemerkte ich die Ombra della sera, den Schatten am Abend[35], der hinter einem herschleicht und beim Sonnenuntergang immer länger und schmaler wird, bis er schließlich aufgibt. Mein Schatten, die Abbildung meiner selbst in andauernder Veränderung. Immer stand ich im eigenen Schatten, manchmal tanzten wir, oder spielten mit unseren Schattenfiguren.

Wüsten können sehr bunt und lebendig wirken. Je nach Tageszeit verändern sie ihr Aussehen; stets wandeln sich ihre Formen. Sie können wandern, sich ausbreiten und dabei sogar Geräusche erzeugen. Einöden sind oft überraschend und geheimnisvoll, da hinter jeder Düne, hinter jedem Hügel oder hinter jeder Ruine etwas Neues liegen kann. Es ist heiß und trocken am Tage, oft klirrend kalt in der Nacht und manchmal streifen dicke Nebelschwaden über den Boden. Die Weite der Wüsten eröffnet den besten Blick ins Sternenmeer am Firmament. Und unter freiem Himmel zu schlafen und sich dennoch geborgen zu fühlen – ist grandios.

Hier sind einige Beispiele meiner Wüstenreisen.[36]

Afghanistan: Seistan

1972 reiste ich mit einer Gruppe der Universität Bonn in die Wüste Seistan, ein Gebiet im Südwesten Afghanistans, an den Grenzen zwischen Iran und Pakistan, nahe des Helmandflusses. Wir fuhren auch durch Ghazni, wo ich vorher gearbeitet hatte!

Die Aufgabe der Bonner Wissenschaftler:innen war, in dieser Grenzregion alte Wasserkanäle und Ruinen zu finden und zu vermessen. Meine war es, für die Gesundheit des Teams zu sorgen.

Die weite Landschaft gilt als die Wiege des persischen Volkes und ist reich an Funden aus der Zeit des 14. Jahrhunderts. Es gab Pläne, die Wüste wiederzubewässern. Hierzu wollten die Bonner:innen Grundlagen erforschen. Wir waren durch Chakhansur gefahren und schlugen schließlich unsere Zelte am Fuße des Gol-i-Safeds auf, um dort ein Lager für einige Wochen einzurichten.

In den ersten Tagen faszinierte mich die neue Umgebung, besonders das unendliche Blau des Himmels. Täglich schlenderte ich am kühler werdenden späten Nachmittag durch Ruinen, um die alten Gemäuer zu betrachten. Ich liebte die Wüste, das weite, geheimnisvolle und ausgebrannte Land mit seinen glühenden Winden, die den Oberflächensand geräuschvoll wegtrugen. Ich liebte die Sträucher, die sich in der Dunkelheit noch schwärzer zeigten, und das Silber des Olivenbaumes, der an einer der Mauern stand. Wie hatte der nur überlebt?

Ich streifte oft durch das Wüstengebiet um das Camp herum. In einer Ruine nahe den Zelten entdeckte ich eine rußige Feuerstelle und Zeichen an den Wänden, Spuren eines Familienlebens vor langer, langer Zeit. Eines Tages blinkte mir in der einen Mauerecke etwas entgegen. Ich entdeckte eine glattpolierte, rostfarbene kleine Perle. Sie gehört bestimmt zu einem Schmuckstück, dachte ich und grub weiter, bis ich auf diverse bunte Ovale aus Edelstein und Glas stieß. Auf manchen konnte ich persische Schriftzeichen und Koranverse erkennen. Schließlich hatte ich eine ganze Handvoll ausgegraben. Sie können aus der Zeit nach der Islamisierung um 1.000 nach Chr. stammen, das verraten die Schriftzeichen. Solche flachen Perlen wurden Jahre später mit der Harappa-Kultur in Verbindung gebracht, einer städtischen Zivilisation, die sich zwischen 2.800 bis 1.800 vor Chr. im Indusgebiet entwickelt hatte. Wie kam dieser Schmuck in die Ruine, in einem Gebiet, das früher persisch war? Waren es Nomad:innen, die Tausende von Kilometern von Ost nach West gereist waren und diesen Schmuck trugen? Es wird ein Rätsel bleiben, woher diese

Schätze der Wüste kommen, die ich inzwischen als Kette trage.

Und ich beobachtete die Tiere, die sich diesem kargen Umfeld angepasst hatten. Etwa die erdfarbenen Schlangen, die sich durch schnelles Winden kreisend und schlingernd unter die Sandoberfläche schoben, so dass sie sich der starken Tageshitze entziehen konnten. Und Skorpione, die sich in Massen im Kreise um das Lampenlicht sammelten, wenn wir am Abend vor den Zelten saßen. Als eine Sandrasselotter angeschlängelt kam, besprühte ich sie mit Äther, worauf sie sich einkringelte und erstarrte. So verfrachtete ich sie in ein Leinensäckchen. Sandrasselottern, obzwar klein und schmal, gehören zu den giftigsten Schlangen, die es überhaupt gibt. Ein Biss und schon ist es geschehen!

Schmuck aus dem Orient und Nordafrika

Ägypten: Weiße Wüste

Als ich in den 70er-Jahren oft in Ägypten war, lernte ich dessen Wüstengegenden kennen. Kairo grenzt im Südwesten an die Weiße Wüste mit Kalksteingebilden, die sich wie Baiserkronen im Sand auftürmen und in ihrer Reinheit schon aus der Ferne leuchten. Manche sehen blanken Zahnhälsen ähnlich, die über Jahrtausende vom Sand abgeschmirgelt wurden.

Ich glaubte zunächst an eine optische Täuschung, bis ich die seltsamsten und bizarrsten Kreideformationen vor dem Gesicht hatte. Es war nicht ruhig in diesem Wüstenteil, denn Kinder einer großen Familie, die an diesem Tag offensichtlich einen Wüstenausflug unternahm, rannten um kleinere Gebilde und spielten verstecken.

Am Abend eröffnete sich uns eine bernsteinfarbene Wüstenszenerie, die während der Sonnenglut am Tage danach, als wir weiter nach Assuan fuhren, wieder ausblich.

Ausschnitt aus einem Gedicht in arabischer Kalligraphie

ALGERIEN: SAHARA

Als wir nach Weihnachten 1979 sehr früh am Morgen auf einer Lorry, einem Lastwagen sitzend Algier verließen, war der Übergang vom städtischen zum ländlichen Leben recht abrupt. Bald öffnete sich die Weite der Wüste. Da saßen wir nun oben auf der Ladefläche, die mit riesigen Stoffballen und anderen Gepäckstücken und Käfigen mit Hühnern beladen war, neben ein paar Einheimischen. Unsere Schlafsäcke und Gepäckstücke waren angebunden, denn das Rütteln auf der Waschbrettpiste konnte alles ins Rutschen und Fallen bringen. Wir waren wie die Wüstenbewohner:innen in große Tücher gepackt, zum Schutz vor Wind, Staub und Sonne.

Es ging über flaches Geröll und durch Wadis, die vermuten ließen, wie fruchtbar diese Landschaft früher einmal gewesen sein musste. Danach erreichten wir Hügel und Berge und Hochplateaus und reisten an Dünen vorbei.

Der Fahrer und sein Beifahrer waren für die Reise samt Versorgung verantwortlich. Am ersten Abend, als die Dämmerung nahte und ein Nachtplatz gefunden war, suchten sich die Muslime einen nach Osten nach Mekka gerichteten Platz zum Beten. Der Fahrer überprüfte den Zustand des Lasters, sein Begleiter grub eine Mulde in den Sand und legte kleine Stöckchen hinein, die er zu Holzkohle verglimmen ließ. In der Zwischenzeit rührte er einen Teig mit Mehl, Wasser und Salz an, machte daraus eine Kugel, dann durch geschickte Handbewegungen einen großen, dünnen Fladen, der an der Innenwand der heißen Mulde landete. Es knisterte und nach wenigen Minuten duftete es nach frischem Brot, von dem alle etwas bekamen. Auch wenn der Fladen ein wenig sandig war, er schmeckte köstlich. Ich erkannte: Menschen lernen genau das zu tun, was sie dort, wo sie leben, zum Überleben brauchen. Das ist kulturell bedingt und kann sehr verschieden sein. Ich kann in der Wüste kein Fladenbrot backen.

Die Lorry fuhr an Tuareg vorbei, die hochgewachsen und in blaues Tuch gekleidet stolz ihrer Wege gingen, ohne die ausgebrannten Autowracks auf den Pisten zu beachten. Wir überholten Karawanen, die aus Dromedaren oder auch Eseln bestanden und von blau oder weiß gekleideten Männern geführt wurden. So ging es weiter nach Djanet und danach nach Tamanrasset mit seinen Lehmbauten im vulkanischen Hoggargebirge. Diese Wüste besteht aus Felsen aus vulkanischem Säulenbasalt in unterschiedlichsten Formen. Wir suchten uns Schatten in den zerklüfteten Felsen, bewunderten die Felszeichnungen und wählten schließlich einen geschützten Platz zum Schlafen. Auf dem Weg dahin entdeckten wir eine kleine christliche Kapelle, unwirklich, mitten in der islamischen Wüstenwelt.

Zu meinem Entsetzen fand ich meinen Schlafsack nicht mehr. Ein junger Mann hatte irgendetwas während der Fahrt davonrollen sehen. Dann suchte noch jemand sein Bündel, das wohl auch in der Wüste gelandet war.

Langsam ließen wir die Berge hinter uns, bis wir über die Grenze in Niger eintrafen. Vorsichtshalber kaufte ich mir auf einem Markt eine weiße Schafwolldecke.

Während der Fahrt durch die Hitze entstand vor unseren Augen immer wieder ein wabernder, belichteter Streifen am Horizont, eine Fata Morgana, die sich schließlich als Agadez, unser Ziel, entpuppte. Wir kamen an, als die Sonne eben verschwand und der Muezzin zum Gebet rief. Menschen strömten in die Moschee, das schönste Bauwerk in dieser alten Karawanenmetropole mit ihrem viereckigen, nach oben hin schlanker werdenden Turm aus Lehm. In dieser Nacht würde ein aufsteigender Mond die Wüste beleuchten; wir bedauerten, uns im Hotel einquartiert zu haben.

USA: Mojave-Wüste und Death-Valley

In den Neunzigern fuhren wir in die heißeste Region der Vereinigten Staaten von Amerika, den Death-Valley-Nationalpark, und später in die Mojave-Wüste im Westen. Imposant waren die Wanderfelsen, große Steinbrocken, die sich auf ebener Fläche fortbewegen. Die Spuren verraten, wie viele Meter sie bereits vorangekommen sind. Starker Wind entfacht immer wieder seine Kräfte und schiebt die Kolosse voran.

Jahre später bereisten wir Colorado, Utah, Arizona und New Mexiko. Auch hier hielten wir uns in den Wüstengebieten auf, insbesondere im Monument Valley, einer filmreifen Gegend in Arizona. Wir konnten täglich das wechselnde Farbenspiel in der Trockenheit und nach einem Regenguss bewundern, wenn der Wind nicht mehr staubig ist und die Gesteinsformationen zu glühen anfangen. Das ist mir in den Wüsten in diesem Vierländereck am stärksten aufgefallen: Wie rot Rot sein kann.

Arabische Halbinsel: Rub al-Chali

Als wir 2006 auf unserer großen Reise auf der Arabischen Halbinsel unterwegs waren, verbrachten wir immer wieder Nächte in der großen Rub al-Chali mit den Ausläufern in die Emirate. Sobald wir abends die Städte in Kuwait, Saudi-Arabien, Bahrain, Katar, den Vereinigten Arabischen Emiraten oder im Oman verließen, erstrahlte der magische Sternenhimmel über der Wüste.

Die meisten Einheimischen auf der Arabischen Halbinsel stammen von beduinischen Familien ab. Viele von ihnen leben nach wie vor in Zelten in den Oasen und die Söhne und Töchter, die in den letzten Jahrzehnten zur Ausbildung in die Städte gingen und dort arbeiten, reisen zu jeder Gelegenheit wieder in die Wüste, um bei ihrer Familie sein zu können.

Im Oman fuhren wir weit ins Hinterland, von Oase zu Oase. Vollmond in der Wüste, das ist schon was Ergreifendes! Wie die Schatten nachts wanderten, als sich der Mond langsam nach oben schob! Und wir lebensbegleitende Wander:innen waren.

Um die Erde zu reisen, ist trotz aller Sehnsucht und Freude oft kein Honigschlecken, besonders, wenn man in einer Welt ankommt, die man sich so gar nicht ersehnt hat, die Signale aussendet, die einen befremden. Das kann an manchen Ecken in Tokyo sein, auf Märkten in Indien oder auf langer Tour können Hitze und Kälte und manchmal Schnee und Eis überraschen. Wie im Frühling im Oman, als wir nach einem Besuch in der Oasenstadt Nizwa noch weiter im bergigen Hinterland einen Kamm passieren wollten und plötzlich Eisregen uns stoppte. Eben noch strahlte die Sonne an blauem Himmel und auf der anderen Seite des Berges legte sich zur gleichen Zeit eine weiße Schicht über die Terrassen der blühenden Granatapfel- und Aprikosenbäume. Niemand war auf dem Weg unterwegs und doch stand plötzlich ein Mädchen vor uns, freute sich über unsere letzte große Banane und verschwand. Einige Minuten später kam sie zurück und gab uns zwei kleine und viel süßere Bananen, die, wie wir danach feststellen konnten, an ihrer Hütte am Hang wuchsen.

Australien: Outback

Der Flug morgens über die unendliche Wüste im australischen Winter 1999 bescherte mir, nachdem die weißen Wolkenschleier lichter geworden waren, einen grandiosen Sonnenaufgang. Zuerst überflutete sachtes Gelb, dann glühendes Orange die rote Erde im Outback, bis langsam der urbane Gürtel Melbournes erschien und die vielen grünen Parks zu erkennen waren.

Australien besteht zu einem großen Teil aus Wüstenlandschaft. Das, was man Outback nennt, ist im Grunde Halbwüste und Wüste.

Das Imposanteste, das ich bislang dort erlebte, sind neben dem riesigen Wüstengebiet um den Uluru-Nationalpark im Zentrum des Landes die Pinnacles im Nambung-Nationalpark im Norden von Perth. Die ockerfarbenen Pinnacles bestehen aus Tausenden bis zu vier Meter hohen Kalksteinsäulen, versteinerten Wurzeln und Pflanzenteilen. Andauernde Erosionen fegen den Sand zwischen den Säulen weg und verfestigen die Steingebilde.

Nach einem längeren Spaziergang zwischen den Säulen kroch ich wieder ins Auto, um bei offenen Türen die Gesänge von Emma Shapplin zu hören, so laut, dass das Auto in der Wüste zitterte. Ein Hochgenuss! Niemand drum herum konnte sich gestört fühlen, außer vielleicht Insekten. Hier habe ich erkannt, dass ich manchmal Grenzen sprengen möchte und im Grunde meines Wesens kreativ, schnell und dynamisch bin und sehr produktiv, wenn man mich lässt. Neue Schreibideen sprudelten und wie immer befriedigte mich das.

So sind alle meine Konzepte und Bücher entstanden: Beim Laufen über Hochmoore und Hügel, beim Durchstreifen von Wäldern oder Wüsten in fernen Regionen der Welt, wenn die Seminare aus den Gedanken verschwinden und sich der Alltag verlangsamt und ich in einem anderen Lebenstempo angekommen bin, entstehen die besten Ideen für neue Projekte.

Zum spirituellen Uluru und den Olgas reise ich immer wieder gerne. Die beste Reisezeit ist von Juni bis August, dem dortigen Winter, und ganz besonders schön ist es im Herzen Australiens, wenn es vorher geregnet hatte. So hatte ich es 2001 erlebt und staunte über die reiche und prachtvolle Vegetation. War ich in der Wüste oder in einem blütenreichen Park?

Outback, Women's Talk

Die Aufenthalte in den Wüsten empfand ich immer als regenerierend: Der Geist wird nicht abgelenkt und die Seele tankt neue Kraft. Heilsam besonders, wenn sich die Wüste ergrünt, weil es nun doch geregnet hat und in der Oase sich Wasser sammelt oder wenn nackte Füße zum Abend hin den abgekühlten Sand berühren können, der sich bei jedem Schritt unter den Füßen erweicht und danach der Wind viele Körner weitertreibt. Wenn man, bis es dunkel wird, schnell das Schlafquartier unter dem offenen Firmament vorbereitet, bevor die kalte Nacht hereinbricht. So war es in den Savannen, wenn wir abends im Schein der Lampe Käfer beobachteten oder auch Skorpione und Schlangen und versuchten, die Sterne am Firmament zu zählen und jedenfalls doch die engmaschigen Gaze des Zeltes spannten, um gegen Tiere geschützt zu sein.

Hongkong, Gerüstbauer

Warum um die Welt reisen?

Etwas Begehren
Das Unmögliche wollen
Ersehntes scheitert

Ersehntes scheitert
Putscht die Kreativität
Neues Begehren[37]

Alle, die ich unterwegs fragte, waren reiseaffin und auf sich und die Welt neugierig, denn sie fühlten sich in der Gegenwart zu Hause gefangen. Längst schon vor der Pandemie. Die Jüngeren, unerfahren, aber sehr wissensdurstig, fühlten sich im Aufbruch ihres Lebens. Viele wollten den Erwartungen daheim für eine Weile entkommen. Das Leben war ihnen zu vorgeplant und festgelegt. Es fehlte an Beweglichkeit für Geist und Seele, am Überblick des Zusammenspiels der Gesellschaften, an der Einsicht, selbst ein Teil der Schöpfung zu sein. Sie ersehnten Freiheit und das Wilde in sich selbst zu finden und zu beherrschen.

Sie waren überzeugt, dass das Leben außerhalb warten würde, man müsse einfach losgehen. Reisen entwickelte sich für einige Menschen zur Passion.

Auch für mich.

Was macht die Reisepassion aus?

Den Raum des eigenen Lebens ergänzen. Durch das Andere in der Fremde Feedback auf sich selbst und das Umfeld zu bekommen. Ist nicht die Erkundung und das Hinterfragen des Lebens hier manchmal notwendig? Also guck ich gerne über den Tellerrand der Lebensweise daheim: beobachte, staune, wenn ich woanders bin und möchte Fremden begegnen und Neues erfahren. Ich würde gerne noch viele Regionen erkunden.

Diese Nicht-Reisezeit gerade schmerzt, denn Reisen ist mir lebenswichtig. Keine Reisen, kein Schreiben darüber, kein Publizieren, keine Lesungen.

Solcherart Reisen müssen aber auch trainiert sein, bevor sich Ängste einschleichen, man könnte es im Älterwerden nicht mehr schaffen. Vielleicht trösten doch Wanderungen im Umland oder das Erinnern an vergangene Touren und Abenteuer, bis ein Licht am Ende des Tunnels erscheint und der Rucksack wieder gepackt werden darf.

Wie kann man die Lust, das Verlangen nach dem Verstehen der Natur und der Kulturen begreifen, wenn die Welt um Heilung schreit und ich mich im Laufe der

Jahrzehnte mehr verantwortlich fühle? Welche Freude empfand ich in Tansania und in anderen afrikanischen Ländern, als ich erfuhr, dass die Produktion von Plastiktüten und Flaschen rigoros verfolgt und bestraft wird. Ich hätte plastikfreie Meeressäume und Straßen nicht erwartet, saubere Buschlandschaften und Felder sind offensichtlich und bewundernswert. Erfülltes Reisen ist also nicht nur von den Beziehungen zu den Menschen abhängig, sondern auch von der Umwelt, besser noch von einer gesunden Natur.

Mona und Alex lernten wir auf der Arabischen Halbinsel kennen. Sie hatten Angst, wenn sie Kinder hätten, viele Jahre nicht reisen zu können, und fuhren mit einem Überlandbus von Hamburg aus zu ihrer Great Journey los. Reisen nannten sie das Bestreben, mit Bussen mindestens zwei, drei Jahre unterwegs zu sein, immer wieder neue Orte und Kontinente zu erkunden.

Nur wenige Wochen vorher waren wir in den Vereinigten Arabischen Emiraten. 1968 war ich zum ersten Mal dort, längst bevor die Scheichtümer sich 1971 zu einer Föderation vereinten. Außer Palmen sah ich damals nichts Natürliches und empfand doch alles als natürlich. Bei der Entwicklung der Region hat mich immer interessiert, wie viel Natur künstlich entstehen konnte, indem man dem Meer trotzt und Milliarden für Entsalzung des Wassers und zur Bewässerung ausgibt. Jede aufgehäufte und bewohnte Insel dort, jede bepflanzte Parkanlage sind Beweise unnatürlicher Natur.

Andere Reisende waren sportlich im Wettlauf mit sich selbst unterwegs, um im Guinnessbuch der Rekorde aufgenommen zu werden. Und Menschen in unserem Alter wollten noch einmal etwas versuchen und riskieren, vielleicht sogar jahrelange Bedenken überwinden. So auch Paul und Brigitta aus der Schweiz, die wir im Outback in Australien trafen, als sie mit ihrem Toyota im siebten Jahr auf ihrem Big Trip unterwegs waren. Sie reisten in 2.573 Tagen über 280.000 Kilometer durch 63 Länder rund um den Planeten. So ein Unternehmen geht nur mit jemandem, mit dem man sehr vertraut ist und auf den man sich voll verlassen kann.

Um die Welt reisen kann bedeuten, Träumen zu folgen. Es können Bilder des Mutes sein, die realisiert werden wollen. Reisen bedeutet auch zu sich reisen, Werte und Kultur infrage stellen, eine Wegstrecke des Lebens auf der Weltroute zurücklegen, wie kurz sie auch sein mag. Neue und besondere Anforderungen zu durchleben und daran zu wachsen.

Wie soll mein Leben sein, diese Frage treibt mich oft um. Kaum beantwortet, taucht sie bald wieder auf. Es gibt scheinbar keine abschließende Lösung. Wim Wenders meint dazu: »Die Antwort immer neu zu finden, immer neu zu denken, immer wieder infrage zu stellen, ist nie zu Ende. Antworten finde ich auf Reisen, in der Begegnung mit Menschen, ihrer Lebenssituation, ihrer Umwelt und das Schreiben darüber.«

Einsamkeit kann forttreiben, kann die Reise begleiten und wieder heimführen.

Unterwegs kann man in den entlegensten Orten Tourist:innen mit Zeitdruck treffen. Es sind keine Weltenbummler:innen, die sich treiben lassen, die über den Kreislauf der Natur eher nicht nachdenken, sich auch nicht als Teil des Ganzen erleben. Sie fliegen und müssen schauen, wie die Seele hinterherkommt.

Bäuerin in Bali

HB BE 229

Das Weltauto

Uns ging es um die Verwirklichung eines erfüllten Lebens, um die Erkundung des Reichtums und der Vielfalt der Welt, um den inneren Frieden. Darum, Zusammenhänge der Natur zu begreifen und unseren Platz noch einmal zu definieren. Um die Weite. Wie weit ist weit, wie fremd ist die Fremde? Es ging uns um die Ruhe in diversen Landschaften und um verborgene, stille Übernachtungsplätze, um wohlriechende Wälder mit singenden Bäumen und Sträuchern in natürlicher Umgebung. Immer fühlten wir uns Bäumen verbunden, nicht nur, weil Wälder einen gewissen Schutz bieten.

Dann gab es auch Plätze, die sich am nächsten Tag doch wieder in Lärm verwandelten.

Als Autorin geht es mir darum, das mögliche Andere sichtbar zu machen. Um das Zuhören und Hinsehen, in welchen Verhältnissen die Menschen leben, um den Respekt ihrer Würde, und das Berichten darüber. Wie eng Aborigines in Australien oder Māoris in Neuseeland oder andere indigene Völker und First Nations in Nord- und Südamerika, in Afrika und Asien mit ihrem ursprünglichen, natürlichen Umfeld leben oder eben nicht mehr. Viele sind, um im Bild zu bleiben, ›aus dem Wald ausgetreten‹. Die Alten der Stämme klagen, dass das, was uns Bäume zum Überleben lehren könnten, die Jungen unfähig geworden sind, zu erfahren und zu begreifen, berichtete ein Navajo, den wir in Arizona trafen. Er habe Angst um seine Söhne, die in der Großstadt arbeiten, denn manche, die in Städten leben, können keine lebensnotwendigen Nährstoffe, keine Kraft mehr aus dem kulturellen Boden der Familie ziehen. Sie und die anderen jungen Leute seien ruhelose Geschöpfe, die in fluiden Verbindungen leben. Sie jagen dem Geld nach, sind entwurzelt und ungeschützt und haben es verlernt, Teil des Familien- und Naturnetzes zu sein.

Ist es nicht die primäre Aufgabe von Schriftsteller:innen, wenn sie reisen und Lebenszusammenhänge erkennen, darüber zu schreiben? Wie sagte einst ein Kollege aus Südafrika: »Wer sich dem Wissen über Andere, über Anderes verweigert, will keine Verantwortung tragen.«

Eine Weltreise zu unternehmen heißt auch, das Bild vom eigenen Leben reflektieren und verwirklichen und nicht der Angst vor dem Unerfüllten nachzugeben. Wir hatten Zeit, uns das Geld organisiert und wollten einige Jahre auf Tour sein. ›Wenn nicht jetzt, wann dann‹ war unser Leitmotiv. Denn wenn es nicht mehr möglich gewesen wäre, so zu reisen, wie würden wir dann die Zeit leben? Was würden wir mit der brennenden Sehnsucht machen, wenn wir nicht mehr reisen könnten? Nicht mehr die Düfte der Welt genießen und die Farben in den Jahresverläufen. Uns nicht mehr jung und stark fühlen.

Wer für etwas brennt und sich sicher fühlt, kann leicht Pläne schmieden. Von Wilhelm Schmid, dem Philosophen der Lebenskunst, weiß ich: Nur Dinge, die uns erfüllen, geben uns Energie.

Gutes Zusammenspiel

Auf Reisen waren wir meistens im Gleichklang. Angst gab es da nicht. Wir konnten uns aufeinander verlassen. Er war für die Technik zuständig, ich für die Gesundheit und für die Kommunikation vor Ort, und wir beide für die Versorgung und das Wohlbefinden.

Es war ein Zufall, die Schweizer zu treffen und für uns eine neue Reisemöglichkeit zu denken, eine Kurve fürs Leben. Kein Wunder, wir waren angefixt und fieberten für die Idee, langsam und open end zu reisen und bereiteten einen Toyota vor, in dem wir leben, arbeiten, kochen und schlafen konnten. Eine Plakette des Heiligen Christophorus, der Schutzpatron der Reisenden, hatten wir geschenkt bekommen. In den Jahrzehnten vorher waren wir auf den Kontinenten meistens mit dem Zelt unterwegs. Es war uns immer ein Bedürfnis, der Natur ganz nah zu sein, den Boden zu spüren und die Landschaft zu riechen, den Soundtrack des Ortes aufzunehmen, die Seele der Welt zu fühlen und dafür einsame Plätze zu finden, die manchmal so still sind, dass es unheimlich werden kann.

So wie auch auf der Südinsel Neuseelands, als wir nach Te Anau zum Milford Sound unterwegs waren und am späten Nachmittag auf der Southern Scenic Route am Fluss einen unscheinbaren Hinweis auf einen Platz fanden, dem wir nachfuhren. Unter stachligen Araukarien und neben Lupinen in voller Pracht und Farbenvielfalt konnten wir uns niederlassen. Dann nachts im Zelt, in meditativer Zwischenzeit, ›the Sound of Silence‹: Es war stockdunkel und still, kein Verkehrsgeräusch, keine Menschenstimmen, kein Vogelgezwitscher, kein Rauschen des Windes und Rascheln der Bäume, nicht mal ein Blatt, das die Zelthaut kratzte. Nur der eigene Herzschlag wurde immer lauter. Die Unruhe beherrschten wir durch engen Körperkontakt.

Wie immer auf den Reisen suchten wir Waldplätze. Nicht nur, weil sie Schutz bieten, sondern auch, weil wir uns wohlfühlten, wenn wir die satte Waldluft der Pflanzenduftstoffe einatmen konnten. Wir hatten die jeweiligen Baumarten und andere Gewächse beobachtet und uns in Informationszentren erkundigt. Es dauerte einige Jahre, aber schließlich verstanden wir das Schöpfungswunder der Bäume. Sie haben einen aufsteigenden und absteigenden Saftstrom. Nach oben bringen sie im Wasser Spurenelemente und Informationen aus den Mikroorganismen der Erde, nach unten leiten sie Zucker, der sich durch die Fotosynthese im Laub und in den Nadeln entwickelt und von den Mikroorganismen unten wieder aufgenommen wird, wo Pilzfäden sich um nachbarschaftliches Versorgen kümmern.

Indonesien, Bali

Und wir verstanden den Reichtum der Wälder, deren Botenstoffe das Immunsystem stärken können und die Killerzellen in unserem Körper antreiben, gegen Viren und Tumorzellen zu kämpfen. Was für ein Wunderwerk.

Jede Person, die darüber Bescheid weiß, wird Bäume und andere Gewächse schützen wollen.

Neuseeland,
Napier,
Art Déco Festival

Das Art Déco-Festival in Napier

Wo Menschen ein paar Tage in ein anderes Jahrhundert schlüpfen.

Jahr für Jahr tanzen Ella und Tom nun schon beim Art Déco Festival in Napier. Beide um die 80 Jahre alt, schwingen sie innig und fließend miteinander im Sound der 20er- und 30er-Jahre. An der Ecke Emerson und Market Street begeistern sie das bewundernde Publikum, wenn sie im Swing von Lindy Hop tanzen. Bei solch einer Perfektion traut sich niemand sonst auf die Tanzfläche und die beiden Alten genießen den Freiraum, den sie freilich ausfüllen können. Stundenlang.

An der Ostküste der Nordinsel Neuseelands wird jährlich im Sommer das Art Déco-Festival in der Hawke's Bay Region gefeiert. Es ist ein profitables Spektakel. 2021 wurde das Festival wegen Covid-19 abgesagt, dennoch trafen sich Menschen in der Stadt und konnten wieder Ella und Tom bewundern.

Napier und das wenige Kilometer entfernte Hastings im Süden bilden The Twins im pulsierenden Ballungszentrum der Ostküste. Die Region war Māoriland und ab Mitte des 19. Jahrhunderts peu à peu von europäischen

Siedlern in Anspruch genommen worden. Heute ist der Hafen in Napier wichtiger Umschlagplatz der Produkte der Region wie etwa Wein, Obst, Wolle, Kunstdünger.

Die Menschen leben gerne hier, Reisende sind willkommen und die, die übernachten wollen, freuen sich auf paradiesische Unterkünfte wie das Hill Haven auf dem Hospital Hill. Von hier aus lässt sich der Norden, Osten und Süden der Stadt zu Fuß gut erkunden.

Das Erdbeben im Februar 1931 von 7,8 auf der Richterskala mit dem folgenden großen Feuer war ein Desaster. Besonders in Napier (geschätzte rund 65.000 Einwohner:innen) wird der Vernichtung der Stadt mit dem bis zu fünf Tage dauernden Fest getrotzt. Dass Napier das Art Déco-Zentrum Neuseelands geworden ist, ist dem zur Zeit des Wiederaufbaus modernen Baustil zu verdanken.

Aus dem verspielten Jugendstil entwickelte sich zur Jahrhundertwende in Frankreich der elegante Art Déco-Stil. Klare, symmetrische Linien und leuchtende Pastellfarben setzten sich in der Architektur und Kunst als organisierendes Gestaltungsprinzip durch. Viele Gebäude in Großstädten der Welt sind im Art Déco-Stil erbaut. Eben auch in Napier, besonders um die Emerson und Tennyson Street herum. Hier sollen sogar Māorimotive integriert sein. Immerhin stammen schätzungsweise 20 Prozent der Bevölkerung von den Māori ab.

Beim Art Déco Festival dreht sich alles um den Lebensstil der 30er-Jahre. Die Stadt putzt sich liebevoll heraus, viele Art Déco-Läden sind überfüllt mit Modeartikeln der damaligen Zeit, Locals aller Generationen und Reisende tragen sie, flanieren und genießen das außergewöhnliche Treiben.

»Fühlen sie sich verkleidet?«, frage ich. »Oh nein, beim Art Déco Weekend gehört das zu uns. Wir Kiwis sind so!«

Zu den zahlreichen, von Jahr zu Jahr mehr angebotenen Indoor- und Outdoorveranstaltungen will niemand die Automobilia Vintage Car Parade verpassen, wenn sich hunderte glänzende Oldtimer älter von vor 1946 durch die Straßen schlängeln und hupen. Neuere Modelle im nostalgischen Stil sind täuschend echt nachgebaut und schleichen mit.

Kinder freuen sich besonders auf das Seifenkistenrennen ulkiger, fahrbarer Kreationen. Niemand will das missen und schon gar nicht am letzten Tag die Präsentation unzähliger Stände am Strand der Marine Parade. Hier stellen Menschen aus, was sie aus der Art Déco-Zeit haben, Einzelne, Paare, Familien oder Freund:innen inszenieren sich stilecht gekleidet, zeigen stolz Möbel, Geschirr, Nippes und Speisen der 30er-Jahre und überbieten sich in Kreativität. Der Duft des Meeres in einer

Brise erfrischt die Sommerluft und Musik erklingt, getanzt wird auch.

Ob Ella und Tom nächstes Jahr wieder dabei sein werden? Es ist ihnen zuzutrauen.[38]

Das legendäre Hotel

In der Republik Whangamomona

Neuseelands vergessener World Highway und der Tag der Republik im Januar.

»Die beiden Hauptinseln Neuseelands könnten nicht unterschiedlicher sein«, berichtet Ahere, eine junge Māori. Wer über die Kultur der Māori Bescheid wissen will, findet im Norden Informationen über die Geschichte und Lebenskultur der indigenen Gruppen. Dort leben die meisten Menschen des Landes, stehen die ältesten Kauri-Bäume der Welt, Geysire sprudeln und aktive Vulkane melden sich ab und zu. Liebhaber von berauschenden Landschaften, von Bergen, Gletschern und Fjorden besuchen die größere Südinsel. Dort leben die meisten Schafe.

Sehenswürdigkeiten gibt es auf beiden großen und auf den zahlreichen Nebeninseln. Sie sind nicht zu übersehen, wenn man sich für eine Reise im Kiwi-Land Zeit nimmt.

»Wie kann man in zwei Wochen durchs Land reisen und die Kiwi-Kultur verstehen«, fragt Ahere. »Es gibt viel im Verborgenen. Kennst du den Forgotten World Highway?« Er ist ein besonderes Highlight auf der

Nordinsel. Vor 20 Jahren kannte ihn kaum jemand der Tourist:innen. Inzwischen kann man etwas über ihn lesen. Wir fahren einmal quer über die Insel, von Napier im Osten über den Lake Taupo in der Mitte zum Mount Taranaki im Westen. Das ist der Plan für ein paar Tage. Wir wollen den State Highway (SH) 43 von Taumarunui bis Stratford nutzen, bevor wir auf die Rundstraße um den Vulkanberg Taranaki einbiegen. Warum? Der SH 43 wirkt ein wenig verloren und vergessen, eben ›forgotten‹. Er führt auf 155 Kilometern im entlegenen Hinterland kurvenreich über malerische Hügel und durch verwunschene, sehr fruchtbare Täler, an Flecken vorbei, in denen nur wenig Menschen leben.

Es ist Januar, Hochsommer. Wenig Autos sind unterwegs, vereinzelt Motorräder. Die Sonne strahlt und wärmt. Seit etwa fünf Kilometern begleiten uns Kajaks und Kanus auf dem Whangamomona River, der dem prominenten Ort in der Mitte des SH 43 seinen Namen gab.

Whangamomona ist unser Ziel, denn dort hat sich folgendes abgespielt: Vor 120 Jahren nannte man diese Siedlung Valley of Plenty (Tal des Überflusses). Farnbäume und andere endemische Pflanzen zeigen den Überfluss im Tal, grün und proper. Aus dieser Zeit stammen die wenigen Gebäude des Ortes, auch das heutige Whangamomona Hotel. Es wurde ein langer, bierbeseelter Abend mit John und Pete, die wir dort kennen lernten und die uns stolz die Geschichte der Region erzählten:

Die Menschen lebten damals unabhängig, bis sie nach mehreren ökologischen und ökonomischen Einbrüchen nicht mehr autonom leben konnten und sich dem offiziellen Verwaltungsgebiet anschließen mussten. Das Whangamomona Hotel zeigt mit Gegenständen vergangener Zeit und in Bildern, die in den Räumen hängen, eine wechselhafte Geschichte des Hauses zwischen einem Restaurant, einer Schule, einer Bank, einem Hospital und einem Hotel.

Jedenfalls hat sich dort die Rebellion der Menschen gegen die Regierung in Wellington manifestiert. Sie wollte die Siedlung in zwei Regierungseinheiten aufteilen. Das aber ließen die Siedler:innen nicht zu und riefen am 1. November 1989 die Unabhängigkeit aus und erklärten sich zur Republic of Whangamomona. Auch wenn wir die Geschichte amüsant und skurril finden und ein Beitritt sehr preisgünstig ist, wollen wir zur Enttäuschung der Männer doch nicht Bürger:innen dieser Republik werden. Zwei ausländische Fische im Netz hätten sie gerne gehabt. Der Republic Day wird alle zwei Jahre in der dritten Januarwoche gefeiert. Jetzt hoffen sie, dass Covid-19 in diesem Jahr gänzlich verschwunden sein wird, und sie einen guten Start für die nächsten 30 Jahre haben.

Eine hölzerne Figur zeigt den Weg zum kleinen Park auf der Anhöhe rechts vorm Hotel. Harakeke nennen Māori den dort wachsenden Flachs. Der besondere Flachsstrauch und sein würziger Blütenduft haben es uns angetan. Wir reisen weiter durch die grüne und saftige Landschaft.

Einige Kilometer vor Stratford ist der Mount Taranaki zu sehen, momentan noch im Wolkenkranz. Nach dem Picknick mit noch warmem Gewürzbrot vom Bäcker und in Olivenöl eingelegten frischen Zitronen steht der Vulkanberg plötzlich enthüllt vor uns. Ahere bemerkt: »Willkommen in Aotearoa, dem Land der langen weißen Wolke! Nur manchmal habe ich das Glück, den Taranaki so klar zu sehen.«[39]

Neuseeland, Mount Taranaki

Als Blitze den Lebensweg veränderten

Nur mehr ein Moment
Erinnern das Bild von uns
Adieu, es war ein Traum[40]

The dream is done.
Edna Millay

Reisen kann die Chance bieten, über das Leben nachzudenken und mit neuen Vorsätzen heimzukehren. Hier geht es um eine Reise im Norden und Westen Australiens.

Ankunft in Ludmilla, es ist stockdunkel, keine Sterne, kein Mond ist zu sehen, die Sonne wird erst in zwei Stunden aufgehen. Der lange Flug nach Darwin steckt in den Gliedern, ein Bett wäre das Himmelreich. Es ist kühl und feucht. Der Nachbarhund bellt, als wir durch das große Tor gehen, um unseren Raum zu finden.

Das ist der Beginn der letzten großen Australienreise: Von Darwin etwa 250 Kilometer in den Osten, über den Mary River mit seinen großen, rosafarbenen Wasserlilien nach Jabiru, ins Arnhemland. In Ubirr und Nourlangie beeindrucken in Höhlen und an Felsen Aborigine-Malereien, die Alltagsszenen der Menschen vor 20.000 Jahren darstellen. Stille am frühen Morgen. Ein kleiner Vogel traut sich in die Nähe des Zeltes. Der nächste Windstoß vertreibt ihn.

In Richtung Westen, ein paar Wandertage im Kakadu- und im Nitmiluk-Nationalpark und zum Einkaufen von Wasser und Nahrungsmitteln in Katherine, dann auf der N1 durch den malerischen Keep-River-Nationalpark und in freudiger Erwartung zur Gibb River Road. Der längste Teil der 660 Kilometer langen Straße ist eine unbefestigte, steinig-sandige ›gravel road‹. Wer Wüstentouren kennt, weiß, wie es sich anfühlt, mehrere Tage auf einer Waschbrettpiste durchgeschüttelt und eingestaubt zu werden. Das ist kein Luxus, aber Freiheit: Es ist ein unbeschreiblich gutes Gefühl, durch die diversen Flusstiefen der Gibb River Road zu lenken, an den Schluchten vorbei, auszusteigen und zu staunen.

Wer denkt, diese sandige Fernstraße sei langweilig, täuscht sich. Es gibt viel anzuschauen, oder man kann auch einfach nur an einem der Gewässer zu sitzen und die Geräusche der Vögel und das Fließen des Wassers in sich aufnehmen. Zehn Tage zuvor war die Strecke wegen Überflutung noch nicht geöffnet.

Zwei Toyotas treffen sich am Pentecost River. Der andere Fahrer will wissen: Wie geht's, wo kommt ihr her, wo fahrt ihr hin? Können wir gemeinsam durchs Wasser fahren? Bloß nicht, aber nacheinander. Wir wagen es zuerst, durch die Furt zu fahren. Das heißt, ich beobachte unser Auto, das bis 25 Zentimeter weit über die untere Türkante im Wasser versinkt und dirigiere meinen Mann und fahre danach mit dem zweiten rüber.

Am nächsten Tag gibt es in der Tankstelle des Mount Barnett Roadhouses keinen Sprit mehr. Wer keinen Vorrat hat, muss warten, bis die Tanke wieder gefüllt wird. Das kann schon mal zwei Tage dauern.

Weiter geht es in Richtung Kimberley. Wir zelten in der Nähe der Windjana Gorge. Vögel wecken uns. Beim Sonnenaufgang wandern wir am Lennard River und werden von Krokodilen beobachtet, die auf der Sandbank gegenüber lauern. Hochliegende Augen glotzen, und davon gibt es hier viele vor den Sandsteinfelsen. Auf dem Warnschild steht: Freshwater Crocodiles inhabit this area. (Frischwasserkrokodile bewohnen dieses Gebiet.) Wir sind Gäst:innen und sollen uns auch so verhalten. Kein Zweifel!

Plötzlich das Heulen eines Dingos. Dann ist ein zweiter Wildhund zu hören, vielleicht auch ein dritter. In der engen Schlucht, auch hier liegen einige Frischwasserreptilien, entsteht ein unheimliches Jaulkonzert der Dingos mit Echo. Rot-gelb-grün-blau gefiederte Rosellas mischen sich ins Konzert. Konzentriert auf einem Baum sitzen hunderte von diesen Sittichen und zwitschern immer lauter. Die Dingos verstummen.

Bevor wir in die Zivilisation kommen, bleiben wir noch einen Tag und noch einen und noch einen an der Gorge im roten Kimberley-Hinterland. Es zieht uns nicht gleich 160 Kilometer weiter nach Derby, dem kleinen Ort im Delta des Fitzroy Rivers.

Zuerst noch zum Tunnel-Creek-Nationalpark, dem ältesten Höhlensystem in Westaustralien. Fledermäuse begrüßen die Gäst:innen, Stalaktiten sind zu bewundern und Schlingwurzeln, die sich schon lange durch das Gestein gedrängt haben. Auch hier ist Crocodile Country. Zum Glück sind die Frischwasser-Krokodile nicht so aggressiv wie die größeren Salzwasser-Reptilien.

In Derby ist der Royal Flying Doctor Service of Australia daheim. Die Flying Doctors werden per Funk angefragt und fliegen dorthin, wo man sie braucht. Außerdem beeindruckt der Boab Prison Tree, ein Affenbrotbaum, in dem in sehr frühen Zeiten wohl Aborigines gefangen gehalten wurden. In vielen Gegenden Australiens stehen Gefängnisbäume. Aber der hier ist schon ein besonders mächtiger seiner Art.

Über die N1 geht es nach Broome zu Yuki, mit dem wir zum sundown am Town Beach verabredet sind. Er stammt aus einer japanischen Familie, die vor etwa 120 Jahren zum Perlentauchen kam. Broome war ein junger Ort, der wegen der Perlen zu Aufstieg und vorübergehend zu Wohlstand kam.

Fish and Chips und Wasser muss reichen, am Strand besteht Alkoholverbot. Möwen warten auf Reste, während wir, nach Yukis Beschreibung, dass sein Großvater beim Tauchen verschwunden sei, still geworden, dem roten Glühen der am Horizont verschwindenden Sonne nachsinnen. Erst nach drei Tagen habe man ihn gefunden. Nun liegt er mit über 900 anderen Tauchern auf dem japanischen Friedhof, den wir selbstverständlich am Tag danach besuchen.

Es lohnt sich, den Broome Courthouse Market anzusehen, Schmuck, Kunst- und Handwerk zu bestaunen, aber auch durch die Gassen, wo die Menschen leben, zu flanieren. Noch ein Sonnenuntergang am Strand mit in einer Wasserflasche abgefülltem Weißwein.

Wir hatten noch keine Ahnung, was sich im zweiten Teil dieser Reise verändern würde.

Sehr früh am Morgen geht es über den Great Northern Highway, die N1, westlich weiter ins Land bis zum BP Truckstop in Fitzroy Crossing. Gegen elf Uhr, die Sonne scheint, scharfes Licht, kalter Wind. Zwei Frauen sitzen auf einem Stein. Niemand trägt Socken, die eine ist sogar barfuß. Es ist eigentlich nicht leicht, mit Aborigine-Frauen in Kontakt zu kommen. Aber die beiden sind offensichtlich neugierig. Eine zeigt auf den Platz neben sich, ich setze mich zu ihnen. Die Ältere ist damit beschäftigt, ihren vom Wind aufgeblähten Rock zu bändigen, während die andere den Stoff rechts und links unter ihre Beine klemmt. Ich nenne meinen Namen und höre Lilly und Molly. Wie mich wohl die beiden Frauen hier sehen, überlege ich. Eine schwarz gekleidete Frau, die aus einem Toyota Land Cruiser steigt. Beim Reisen bin ich aus der Sicht der anderen eine reiche Deutsche, die sich so eine Reise leisten kann, jedenfalls eine weiße, privilegierte Frau, oder auch eine, die einer Organisation angehört und ihrem Beruf nachgeht.

Die beiden sind aufgeweckt und lustig und kichern, wie junge, beste Freundinnen. Trotzdem spricht der Ernst des Lebens aus den tiefen Furchen ihrer Gesichter. Sie grinsen und glucksen, ich habe keine Ahnung, um was es geht. Lilly, die Grauhaarige, steigt schneller in die Kommunikation ein und fragt mehr, Molly wirkt auf mich frecher, witziger.

Es dauert lange, bis ich durch Zeichnungen auf dem Boden ihre Geschichte erfahre: Die Schwestern stammen aus Arnhem. Nach der Zerstörung des Landstrichs und ihrer Familie durch Unwetter und mächtige Wellen kommen sie schließlich zum Arbeiten gegen Kost und Logis zu einer britischen Familie auf eine große Farm im Norden von Alice Springs. In dieser Region sind die Ländereien so riesig, dass die nächsten Nachbarn eine Tagesreise entfernt leben.

Irgendwann, sie hatten ein drittes Weihnachten gefeiert, können die Schwestern mit etwas Wasser und Trockenfrüchten auf der Ladefläche eines Trucks bis nach Halls Creek fliehen und letztendlich bis Fitzroy Crossing weiterreisen.

Weiße Kakadus wärmen sich auf sonnenbestrahlten Büschen, an denen wir in Richtung Norden vorbeifahren, für ein Picknick an der Chinesischen Mauer in Halls Creek. Weiter westlich Palm Springs, ein idyllischer Flecken am Black Elvire River. Gut zum Campen und Alleinsein. Das Grillfeuer vertreibt die Mücken. Am nächsten Morgen ist das Wasser so kalt, dass wir doch nicht eintauchen.

Ein paar Stunden später suchen wir im Purnululu-Nationalpark den Campground, ein wildes Terrain mit schattenspendenden Bäumen. Hier kann man gut ein paar Tage bleiben und Wandern. Erst Anfang der 80er-Jahre wurden von Wissenschaftlern Kunst- und Grabstätten der Aborigines im Purnululu entdeckt und beschrieben.

Zum ersten Mal nach Jahrzehnten reisen wir mit einer Kühlbox. Nicht, dass die uns bisher gefehlt hätte, aber sie ist geschätztes Inventar unseres Leihwagens. Die Nächte sind angenehm kühl, die Tage heiß. Obwohl man gerade dann etwas Heißes trinken sollte, greifen wir zum kühlen Nass, ein Bier und eine Weißweinschorle.

Aus der Staubwolke in der Entfernung entpuppt sich ein Toyota wie unserer. Doch das Auto der Schweizer ist sehr viel luxuriöser. Sie werden bis zur Heimkehr nach 7 Jahren also 2.573 Tage um die Welt gereist sein.

Ein Vogel beobachtet uns. Wie kam dieser Riesenkerl uns so nah, dass wir seinen Anflug nicht hörten? Die Männer interessieren sich für die Technik und das Äußere des Weltautos, wir Frauen für die alltagsclevere Einrichtung. Schlafen, Arbeiten, Kochen, alles zum Leben für mehrere Jahre on the road ist drin.

Wie es eben so ist: Man nimmt sich selbst mit auf Reisen. Und Reisen kann verändern. Schon Spaziergänge können den Blick für das Wesentliche schärfen. Minimalistisch unterwegs sein, fremde Menschen und ihr Anderssein, neue Düfte, ungewohntes Licht und die Farben in der Fremde können Gedanken und Sehnsüchte zulassen und bestenfalls eine neue Sicht auf sich selbst. Aus der Entfernung lässt sich das Leben entspannt und kritisch betrachten. Wer länger oder lange unterwegs ist, hat die Chance, eine Idee für was Neues zu skizzieren. Zum Beispiel die Vorstellung, zukünftig noch mehr zu reisen und auch anders: etwa ohne Rückflugticket.

So vorbereitet, schlägt das Treffen mit den Schweizern wie ein Blitz ein. Wir würden so ein Auto anschaffen und auch mehrere Jahre um die Welt reisen. Unser Buschtaxi, das wussten wir damals noch nicht, würde maisgelb sein.

Aufgekratzt und schwungvoll beginnen wir den 1.300 Kilometer langen Rückweg bis Darwin. Mit Stopps im Keep-River-Nationalpark und bei den Kängurus auf dem Campground in Katherine. Der, der vor dem Museum am Boden hockt und stumm blickt, heißt Fred, ein Aborigine. Wie die meisten indigenen Menschen an diesem Ort habe er seit seiner Jugend in der Rinderzucht und dann in der Fleischverwertung gearbeitet. Seitdem der Schlachthof geschlossen wurde, lebt er mit seiner Familie von Tagesjobs und Almosen.

Ein Abstecher nach Mataranka zum Schwimmen in den Bitter Springs erfrischt und weckt neue Kräfte für die letzten Nächte im Zelt im Litchfield-Nationalpark.

Hier hatte es vor schätzungsweise einem Jahr gebrannt. Neu treibende grüne Farnspitzen präsentieren sich keck, auch Büsche mit filigranen weißen Blüten, die wie Klöppelkunst aussehen und andere mit roten hängenden Blütentrauben zeigen ihre außergewöhnliche Pracht. Und die erstaunlichen zwei bis vier Meter hohen Termitenhügel im Norden des Parks.

Der Abschied fällt diesmal nicht schwer. Unser Weltauto wird uns beim Big Trip wieder hierherbringen.

Dachten wir. Das Buschtaxi war vorbereitet, wir auch und dann schlug wieder ein Blitz ein und die Reise konnte leider nie stattfinden.[41]

Weihnachten im Sommer

Weihnachtsmusik überall. Kinder jubeln aufgeregt und drücken ihre Nase an die Weihnachtsfenster des riesigen Kaufhauses Myer in Melbourne. Hier steht man in der Reihe und wartet, bis man zu den weihnachtlichen Fenstern mit Schneeflocken und dick bekleideten Puppen, dem Weihnachtsmann und Glöckchengeklingel darf. Das geschieht jährlich, 2020 zum 65. Mal. Immer werden interaktive und in jedem Fenster jährlich wechselnde Märchenszenen dargestellt. Jede Figur wird in der Werkstatt des Hauses gezeichnet und nach dem Plan der Story kunstvoll hergestellt und in Szene gesetzt. Viele aus dem Umland Melbournes bringen regelmäßig ihre Kinder zu den berühmten Myer Christmas Windows in die Stadt. Das gehört einfach dazu. Wie jedes Jahr konkurrieren Kaufhäuser und quellen Geschäfte über mit Artikeln zu einem ›weißen‹ Weihnachtsfest.

Diesmal ist alles anders. Feuer und Corona haben das Leben in Melbourne verändert. Viele Menschen sind 2020 sehr nachdenklich geworden und fühlen sich machtlos und fragil: Zuerst hatten sie Anfang des Jahres wegen der katastrophalen Busch- und Waldbrände Angst um ihr Zuhause, manche haben es verloren. Helen, die nordöstlich von Melbourne auf dem Land lebt, erzählt: »Wir hatten wochenlang Angst, unser Haus würde verbrennen. Weil ich nicht mehr atmen konnte, bin ich mit den Kindern zu Freunden nach Melbourne geflohen. Letztlich hatten wir Glück, es ist nur ein Teil der Felder verbrannt, aber keine Tiere.« Obwohl man in Australien Erfahrungen mit kontrollierten Feuern hat, sei das Mega-Feuer unberechenbar gewesen.

Dann kam noch im dortigen Winter das Coronavirus und stoppte das Leben. Victoria schloss die Grenzen zu den anderen Bundesstaaten. Melbourne war schnell ein Hotspot. Die Bevölkerung hielt sich an die Schutzmaßnahmen und Vorgaben der Regierung. Alles schien sich zu verlangsamen. Es wurde öde auf den Straßen und ruhig in der Stadt. Nach dem fast vier Monate langen Lockdown in Melbourne sind die Menschen nun sehr vorsichtig. Die Erwachsenen in den Wartereihen vor den Schaufenstern am Kaufhaus Myer halten Abstand und tragen Maske. Selbstverständlich auch unter brütender Sonne. Nachdem die Stadt wochenlang fast leer war, sind nun doch wieder viele Menschen im Zentrum. Sie gehen vorsichtig umeinander herum.

An vielen Hauswänden und auf Dächern sind Santa Claus Puppen angebracht oder auch künstliche grüne Tannenbäume. In Vorgärten glänzen bunte Weihnachtskugeln an blühenden Sträuchern. »G'day« oder auch »Merry Christmas« ist überall zu hören, sobald sich

Menschen begegnen. Auch mit Entfernung. Am Strand in St. Kilda, einem Stadtteil südlich des Zentrums, werden Weihnachtsmänner aus Sand gebaut.

Wenn aber in der Dämmerung die Lichter in den Wohnungen und Straßen angeknipst und besondere Bauwerke angestrahlt werden, verbreitet sich Weihnachtsstimmung und die Menschen werden ruhiger. An lauen Sommerabenden verabreden sich Familien und Freunde vor der prachtvoll beleuchteten Staatsbibliothek, flanieren zur Stadthalle und bewundern die allabendlichen Weihnachtsprojektionen und am Federation Square den Weihnachtsbaum aus tausenden LED-Leuchten. Weiter geht es über die Princes Bridge am Yarra River und entlang der Southbank Promenade. Alles ist weihnachtlich erleuchtet und von »O du fröhliche« begleitet. Milde Luft vermischt sich mit dem würzigen Duft des Flusses, der sich mit tausenden Windungen durch das Bundesland Victoria bis zur Port Phillip Bay schlängelt.

Doch ganz so fröhlich war es 2020 nicht: Es trafen sich weniger Menschen und mit Abstand. Viele können dem Weihnachtsklimbim sowieso nichts mehr abgewinnen. Die, die viel verloren haben, sahen keinen Grund, den Trubel mitzumachen und zum Beispiel zum traditionellen Musikspektakel Carols By Candlelight in der Sidney Myer Music Bowl im Botanischen Garten zu gehen.

Vielen bedeutet Weihnachten, so wie wir es in unserer Kultur kennen, nicht mehr sehr viel. Die Kinder sind aus dem Haus, Enkel leben woanders. Großeltern reisen dorthin, wo es warm ist, wenn es in Deutschland grau und kühl wird. Einige sind drei, vier Monate weg oder noch länger. Andere haben sich längst dort, wo sie mildes Wetter und Sonne erwarten können, ein Eigenheim angeschafft.

Viele mobile Abenteuerlustige reisen in der Corona-Zeit nicht auf die andere Seite der Welt, wo Weihnachten im Sommer stattfindet, wo es so heiß werden kann, dass sich Wachskerzen biegen. Wie in Melbourne, wo wir aus beruflichen Gründen oft waren und dann campten. Zuerst im Businessdress im Hotel logierten, dann in Sportklamotten umzogen in das Zelt.

Melbourne, das südaustralische Zentrum im Bundesstaat Victoria gegenüber der Insel Tasmanien, beherbergt 4,5 Millionen Einwohner:innen, in Greater Melbourne werden inzwischen fünf Millionen Menschen geschätzt. Die Metropole liegt in einer gemäßigten Klimazone an der Port Phillip Bay und dem Yarra River. Vor mehr als 200 Jahren war das Gebiet von Aborigines bewohnt, vor etwa 180 Jahren siedelten sich die ersten Europäer:innen an. Als im Hinterland Gold gefunden wurde, strömten Goldgräber ins Land, die Bevölkerung wuchs und Melbourne wurde zum Geschäftszentrum.

Der Hafen wurde ausgebaut, das Eisenbahnnetz aufgebaut. Heute leben britische und irische, griechische und italienische, deutsche und vietnamesische und immer mehr chinesische und viele andere Zugereiste in der Stadt.

Die südlichste Großstadt der Welt zeigt sich normalerweise pulsierend und kreativ, bunt und tolerant, ist industriell und wissenschaftlich weit vorne und bescheidener als Sydney. Weihnachten wird hier groß gefeiert, 2020 vielleicht zum Trotz, wer kann und will, amüsiert sich prächtig auf luxuriösen Partys. Am Heiligabend, dem Christmas Eve, wird traditionell geschlemmt mit Pute oder Fisch und britischem Plumpudding. Jüngere Personen bevorzugen leichte mediterrane, indische oder pazifische Speisen und Pavlova, die Baisertorte mit Früchten. Migrant:innen essen freilich ihre Speisen von daheim.

Die Bescherung ist morgens am 25. Dezember, dem ersten Weihnachtsfeiertag, wenn Santa Claus über Nacht durch den Schornstein kommt und Geschenke für die Kinder dalässt. Der 26. ist Boxing Day. Freunde und Familie treffen sich und teilen ihre Leftovers miteinander, die übrig gebliebenen Speisen vom Festmahl.

Weihnachten ist vorbei, der Sommerurlaub beginnt und endet nach dem Nationalfeiertag Australia Day am 26. Januar. Alle sind unterwegs. Der Strand füllt sich umgehend wieder mit Sonnenhungrigen. Und plötzlich kann es sein, dass man auf dem einsam und weitläufig gelegenen Campground, den wir uns in einem der Nationalparks in der Nähe von Melbourne ausgesucht hatten, Nachbarn vorfindet. Eine Großfamilie, die am Morgen noch nicht da war und sich nun um unser kleines Zelt herum angesiedelt hat. Die Ruhe ist vorbei, Kinderbesuch möglich, Integration in die Familie Bedingung.

Wer nimmt sich Zeit und Muße, die Welt zu verstehen, sich auf Mühsames und Überraschendes einzulassen? Immer wieder und aufs Neue.

Auf dem Weg in die Antarktis

AUF DEN MEEREN DER WELT

Alles fließt immer
Wer kann wissen, was geschieht
Gemeinsam freuen[42]

Die Meere der Welt trennen Kontinente und Länder. Sie sind aber auch miteinander verbundene Gewässer, die mehr als 70 Prozent der Erdoberfläche bedecken und etwa 70 Prozent des Sauerstoffs, den wir einatmen, produzieren. Vom Weltwasservorkommen macht das 96,7 Prozent aus, weil fast ein Drittel 4.000 bis 5.000 Meter tief sind. Das will man sich nicht vorstellen, wenn man oben in einer Nussschale dahinplätschert. Und schon gar nicht, wenn man im Pazifischen Ozean über den Marianengraben reist, der zwischen Papua-Neuguinea, den Philippinen und Japan liegt und mit 11.000 Metern die tiefste Stelle des Weltmeeres darstellt. Das ist unheimlich.

Nur etwa 3,5 Prozent »des gesamten Wasservorrats auf der Erde ist Süßwasser«[43], das meiste davon gebunden in Gletschern. Es muss also viel getan werden, um den Wasserverbrauch der über 7,9 Milliarden Menschen auf der Welt zu organisieren.

Die Weltmeere sind das größte Ökosystem der Welt und der älteste Lebensraum. Sie teilen sich in den Atlantik, Pazifik, den Indischen und den Arktischen Ozean auf. Der fünfte, neu benannte, ist der Antarktische Ozean.

2019 reise ich zum Kontinent Antarktika, 2021 in die andere Richtung, zum Nordpolarmeer.

In der Antarktis ist viel los

Eine Lufthansa-Crew bringt am 1. Februar 2021 ein Forschungsteam des Alfred-Wegener-Instituts (AWI) in die Hauptstadt der Falkland-Inseln. In Port Stanley ist Wechsel der Belegschaft. Nach Ankunft haben sie mit etwa 15 Stunden den längsten Nonstop-Passagierflug je hinter sich. Der Eisbrecher »Polarstern« steht bereit, um die 92 AWI-Mitarbeiter:innen für zwei Monate ins antarktische Weddellmeer zu fahren.

Andere Reisende sind jährlich mit Expeditionsschiffen auf dem Weg zu den Forschungsstationen und den Pinguinen unterwegs ins ewige Eis. Die beste Reisezeit ist im antarktischen Hochsommer von November bis Februar. Ich war 2019 etwa zwanzig Tage dabei.

Annähernd 12.000 Kilometer vom deutschen Winter in den chilenischen Sommer im Januar liegen hinter uns. Santiago de Chile begrüßt uns drückend heiß. Wer reist, nimmt sich mit, den gesamten Rucksack der Erfahrungen und Erinnerungen. Meinen habe ich hier, auf dem Palacio de La Moneda, dem Sitz des chilenischen Präsidenten, geöffnet. An diesem Ort scheiterte Salvador Allende, der von 1970 bis 1973 Präsident von Chile war. Unterstützt von den internationalen Linken versuchte er, auf demokratischem Wege eine sozialistische Gesellschaft zu etablieren. Dass das nicht funktionierte und der Diktator General Augusto Pinochet die Macht übernahm, erschütterte mich sehr. Der Prozess der demokratischen Erneuerung ist selbst 2021 noch nicht abgeschlossen.

Das echte Abenteuer passiert ungeplant. Ein Knöchelbruch, den ich durch einen Sturz auf einem der Hügel Santiago de Chiles erlitten habe, zwingt mich ins German Hospital. Mit einem dicken Stiefel, dem Versprechen, mich vom Schiffsarzt betreuen zu lassen und den Rollstuhl zu benutzen, darf ich an Bord. Das ist Glück.

Am nächsten Tag nach dem fast vierstündigen Weiterflug in den Süden bis Punta Arenas wird es schnell kühl. 3.000 Kilometer machen den Unterschied. Nach einem Rundgang durch den Ort war der Spaziergang über den Friedhof ein Muss, berichten die Reisenden. Während die chilenische Friedhofskultur sich hier eher weiß und leicht und blumig (Plastik) darstellt, sind die Gäst:innen erstaunt, den dunklen und aus dunkler Zeit stammenden Gedenkstein der im Falklandkrieg gefallenen Deutschen der Seeschlacht 1914 zu finden. Anders wirkt das Ehrenmal des unbekannten Indianerjungen, das an den Völkermord der Indigenen erinnert.

**Antarktis,
Mitternachtsleuchten**

Das Schiff, die schwimmende Herberge der nächsten 18 Tage, wartet bereits. Die Reisegruppe ist überschaubar. Viele kennen sich schon auf solchen und vor allem auf noch viel größeren Schiffen aus. Für mich ist alles neu. Allein das ist ein Abenteuer.

Der Veranstalter verpflichtet die Reisenden zur Einweisung des Verhaltens an Bord, im Notfall und außerhalb des Schiffes bei Anlandungen. Etwa, wie die Rettungsweste angelegt werden soll, die bei jedem Landgang zu nutzen ist. Wind- und regenabweisende Jacken werden für jeden Gast ausgeteilt und Gummistiefel bereitgestellt.

Alle Mitglieder des Expeditionsteams sind außerordentlich freundlich und hilfsbereit, die, die in der Küche und dem Restaurant arbeiten genauso wie die, die für die Kabinen zuständig sind, und die vom wissenschaftlichen Team ebenso, auch der Guide, der Captain und die Crew.

Abends fahren wir begleitet im Tross diverser Vögel in die Magellanstraße und mäandern nachts durch Fjorde, dann geht es in den Beagle-Kanal. Nach einem Stopp am Vormittag in Puerto Williams, der wohl südlichsten Stadt der Welt, nehmen wir Kurs auf Kap Hoorn. Die See ist rau, noch weiß der Kapitän nicht, ob er am berühmten Kap anlanden kann. Immer wieder, das wird uns vom ersten Tag an beigebracht, könne sich das Programm ändern, wenn wir wegen der Wetterverhältnisse nicht anlanden können. Delfine spielen im Wasser und vereinzelte Seelöwen liegen in Kolonien am Strand. Die Wolken hängen tief, aber es gelingt, das Schiff zu stoppen. Fast alle Gäste werden vorher in Gruppen eingeteilt und steigen in Tender-Boote, den Zodiacs, um nacheinander an Land der südlichsten Spitze Südamerikas gebracht zu werden. Magellan-Pinguine warten am Strand.

Alle außer mir wollen hinauf zum Leuchtturm und haben das Glück, den Leuchtturmwärter zu treffen. Auf dieser kleinen Felseninsel im rauesten Klima Patagoniens lebt er mit Frau und Kindern für ein Jahr. Homeschooling ist üblich. Das chilenische Militär hält hier Stellung und der Wärter überwacht den Schiffsverkehr.

Da die Fahrt um das Kap Hoorn aufgrund der Stärke der Winde im offenen Ozean, die bis zu 200 Kilometer pro Stunde schnell sein können, immer schon sehr gefährlich war, kenterten und verunglückten in den Jahrhunderten zahlreiche Schiffe, und ungefähr 10.000 Seeleute verloren ihr Leben in den Gewässern. Ihnen zu Ehren wurde 1992 ein sieben Meter hohes zweiteiliges Denkmal eingeweiht, das in der freigelassenen Mitte die Silhouette eines Wanderalbatros zeigt, den König der Lüfte. Er schaut in Richtung der Drake-Passage vor den Toren der Antarktis.

Sturmvögel begleiten uns bis in die Dunkelheit. Wo werden sie übernachten?

Einige Passagiere bereiten sich auf die berüchtigte Drake-Passage vor, schlucken Pillen gegen die Seekrankheit oder kleben sich Pflaster hinter die Ohren. Andere lenken sich mit den vorzüglichen Speisen und Weinen ab. Doch die eineinhalb Tage währende Fahrt durch die Drake verläuft ruhig. Niemand merkt den Übergang der Antarktischen Konvergenz, wo sich die Gewässer des Atlantiks, Pazifiks und auf der anderen Seite des Kontinents des Indischen Ozeans mit dem Südpolarmeer vermischen. Seit dem 60. Breitengrad sind wir auf dem Südkontinent Antarktika.

Unsere Wissenschaftler:innen an Bord unterhalten uns täglich mit spannenden Vorträgen und Filmvorführungen, etwa über die Flora und Fauna des Festlandes im Übergang zur Antarktis oder über die Beschaffenheit des Eises. Auch über frühere Entdecker einzelner Gebiete des 14.000.000 Quadratkilometer großen Kontinents hören wir spannendes: Zum Beispiel über Ernest Shackleton, Frank Wild, Roald Amundsen, Robert Falcon Scott und viele andere in den vergangenen 500 Jahren.

Hygienemaßnahmen an Bord und höchstes Umweltbewusstsein auf Landausflügen werden besonders ernst genommen, denn, so hören wir, »Die Antarktis gehört zu den sensibelsten Ökosystemen der Welt.« Deshalb werden die Gäste eindringlich darum gebeten, ihre mitgebrachten Kamerataschen und am Ende jeder Anlandung auch ihre Schuhe, Kleidung und Ausrüstung von organischen Spuren wie Erde, Blätter, Kot der Pinguine etc. zu reinigen und zu desinfizieren.

Nur hundert Personen dürfen jeweils an Land gehen. Es gilt der Antarktis-Vertrag, der seit 1961 die friedliche und besonders wissenschaftliche Nutzung sicherstellt. Hier gibt es viele Forschungsstationen diverser Länder, aber Fischfang und territoriale Ansprüche sind ausgeschlossen. Nur Schiffe, die ohne Schweröl fahren, bekommen die Erlaubnis, in die Antarktis zu reisen.

Diese Gründe motivierten mich, mir diese Reise zu erlauben.

Vormittags bei den Südlichen Shetlandinseln. Dahinter liegt das Weddellmeer. Eisplatten rutschen mit Getöse ins Wasser. Muren aus dem Hintergrund folgen. Auch hier verfolgt uns die Klimaveränderung. Die Sonne auf den Eisschollen blendet, das Meer ist glatt. Wir stehen an der Reling und staunen: Putzige Felsenpinguine tummeln sich in kleinen Gruppen im Wasser. Wer nicht raus möchte, kann das Schauspiel vom zweistöckigen Panoramasalon aus beobachten oder auch vom Jacuzzi an Deck.

Nach dem Landgang folgt die eindringliche Ermahnung: Es wurde beobachtet, dass einige zu wenig Abstand zu den Pinguinen gehalten hätten. Fünf Meter Distanz seien einzuhalten und die Pinguin-Highways nicht zu betreten. Man möge bitte darauf achten. Dieser Hinweis ist wichtig, denn fast jeden Tag gibt es auf Inseln, an denen wir vorbeifahren, Schneespaziergänge oder Ausflüge zu Kolonien von Esels- oder Zügelpinguinen und Robben, so auch auf Half-Moon Island und später dann nach der Gerlachstraße, auf Deception und Cuverville Island bei den Königspinguinen. Dann sind noch Kaiserpinguine, See-Elefanten und immer wieder viele verschiedene Vögel zu sehen. Es geht durch großartige Eis-Landschaften, beeindruckend in ihren spitzen, glatten oder auch abgerundeten Formen, oft transparent, in Blau bis tief Türkis. Gemächlich gleitet das Schiff durchs Wasser und die ganz eigene Poesie dieser Landschaft ist ein Genuss.

Kann man Stille hören? Hier schon.

Aber ich weiß auch, dass die Klimaerwärmung den Lebensraum besonders der Kaiserpinguine gefährdet, die ausschließlich im antarktischen Winter brüten und nicht ohne genügend Meereseis überleben.

Von was leben die Tiere in dieser Eislandschaft? Letztlich vom Krill, Minikrebse tief im Wasser, die in Scharen vorhanden sind.

Aggressive Vögel kreisen über uns, als wollten sie ihr Territorium verteidigen. Dann endlich in der Wilhelmina Bay wieder Buckelwale, die uns begleiten, schließlich in die Höhe schießen und, wenn sie wieder ins Meer platschen, ihre mächtige Schwarzflosse, die Fluke, zeigen und mit hohem Druck und geräuschvoll ihre Atemluft ausblasen. Immer wieder springen sie auf und ab, bis alle Fluken eintauchen und die See sich aufs Neue beruhigt.

Die Tage werden am 65. Breitengrad deutlich länger. Die unglaubliche Landschaft mit ihren majestätischen Klippen und Eisgestalten im spektakulären Lemaire-Kanal ist mein Höhepunkt. Eiswände glühen am Abend und des Nachts in allen Sonnenfarben von Hellgelb bis Dunkelrot, dann wieder von Orangerosa über Blautöne bis Violett und fast Schwarz. Ein ergreifendes Schauspiel. Sie spiegeln sich im ruhigen Wasser. Das magische Leuchten nimmt von Stunde zu Stunde zu und integriert schließlich zu Mitternacht den fast parallel laufenden Sonnenuntergang im Sonnenaufgang. Alle sind ruhig in der spirituellen Aura und bewundern die still vorbeiziehenden, angestrahlten Eisgebilde. So still wir alle werden, so sehnen sich einige nach ihren Liebsten, die nicht dabei sind. Emotionale Stimmungen, die manche zum Weinen bringen, wollen eng umschlungen geteilt werden. »Luxus ohne Liebe macht traurig«, schreibt Matthias Politycki.[44]

Nach dem schmalen und verwinkelten Neumayer-Kanal erreichen wir unseren Wendepunkt zur Rückfahrt nach Port Stanley auf den Falkland-Inseln und nach 2.700 Seemeilen (5.000 Kilometer) wieder Punta Arenas.

Port Stanley ist ein idyllischer Ort. Im Waterfront Kitchen Café resümiere ich die Reise und bin sehr zufrieden. Auch mit dem gebrochenen Fuß. Ich saß von Anfang an im Rollstuhl, wurde von meiner Freundin gefahren und beobachtete vom Schiff aus mit dem Fernglas die Reisefreund:innen auf den Landgängen, als sie in die Tender-Boote stiegen, zuerst die Stufen auf den Felsen Kap Hoorn hochliefen. Immer kleiner werdende rote Tupfen, die wie an einer Kette auf die Hügel marschierten, um Tiere zu beobachten, oder an anderer Stelle, wo das Wasser wärmer ist, badeten und andere woanders ruderten. Nur riechen konnte ich den strengen Duft des Kots der Pinguine nicht.

Weder das Forschungsteam des Alfred-Wegner-Instituts noch die LH-Crew konnten wahrscheinlich wegen Corona-Schutzmaßnamen dieses Café am Hafen besuchen. Schade.

Norwegen,
Fischerdorf Reine

Im Land der Samen

Samen sieht man erst einmal keine. Die meisten Menschen auf dem Schiff sind Gäst:innen, die Besatzung, das Phoenix-Team und Filipinos.

»Reisen sie auch allein?« Meine Kabinennachbarin ist froh, als ich sie kurz vor dem Auslaufen in Bremerhaven anspreche und wir uns gemeinsam auf den Weg zur Rettungsübung und zur Hygieneinformation machen. Alle tragen FFP2-Masken, haben die Hände desinfiziert und halten Abstand. Noch.

Wir sind keine Schiffsreise-Insider. Andere Gäste schon, sie werden uns im Laufe der 11 Tage über ihre Erfahrungen auf See berichten. Und die sind vielfältig.

Die MS Artania ist ein elegantes und klassisches Schiff von Phoenix-Reisen mit 622 Kabinen, wovon 274 Balkon haben. Auf der ersten Reise nach dem Covid-Desaster fühlen sich die relativ wenigen Gäste, es sind 550, und die 450 Mitarbeiter:innen euphorisch und im Aufbruch. »Es ist mehr Personal an Bord, als man benötigt«, so der Kreuzfahrtdirektor. »Wir müssen wieder anfangen. Auf der nächsten Reise werden 100 Gäst:innen mehr sein und danach noch mehr.«

Ich genieße die Tour mit den wenigen Gästen. Es ist sehr entspannt und weder in den drei Restaurants noch in den vielen Räumen für Kulturveranstaltungen ist Andrang.

Während wir an der norwegischen Küste nach Norden fahren, ist nach zwei Tagen auf See und der Überschreitung des Polarkreises ein Besuch in den Lofoten vorgesehen. Vom Schiff in Leknes aus werden einige Ausflüge angeboten. Ich entscheide mich bei strahlendem Sonnenschein für die Busfahrt zum Fischerdorf Reine auf der Insel Moskenes, an die Spitze der südlichen Lofoten. Im Kulturzentrum gibt es einiges über die Natur der Lofoten zu sehen, weiße Sandstrände, steile Felsen und grüne Wiesen. Und draußen wird gezeigt, wie Fische an den Holzgestellen zu Stockfisch getrocknet werden. Das geschieht zwischen Februar und Mai, wenn die Temperatur um 0 Grad erreicht und Wind und Sonne das perfekte Klima bilden.

Am nächsten Morgen sind wir beim Einlaufen in Tromsø schon ziemlich weit im Norden, 345 Kilometer Luftlinie nördlich des Polarkreises. Die Stadt liegt in zwei Sunden auf der Insel Tromsøya, zwischen dem Festland Norwegens und der Insel Kvaløya. Ich freue mich auf meine Freundin, die seit vielen Jahren hier lebt. »In Norwegen trägt niemand Maske«, begrüßt sie mich. »Wir desinfizieren uns die Hände vor dem Betreten eines Ladens und hinterher auch und halten Abstand.« Ich staune und genieße die Gesichtsfreiheit. »Es ist der wärmste Tag in diesem Sommer«, meint sie und berichtet von der nördlichsten Universität, der nördlichsten Kathedrale und nördlichsten Moschee der Welt.

Wir schlendern durch die Altstadt, fahren mit der Seilbahn auf den 421 Meter hohen Berg Storsteinen, weil mich der Panoramablick auf die Stadt interessiert. Besuchen dann die imposante Eismeerkathedrale, ein fächerförmiges Gebäude mit einem Dach, das aufgeschichtete Eisplatten darstellt. Die Leuchtröhren zwischen den Platten scheinen nach innen und nach außen.

Zum Abschluss zeigt sie mir den arktisch-alpinen Botanischen Garten, den nördlichsten Botanischen Garten der Welt. Die Artania ist schon zu sehen.

Weiter geht es nach Honningsvåg auf der Insel Magerøya und mit dem Bus zum Nordkap, dem nördlichsten Punkt des skandinavischen Festlandes. »Bis zum Nordpol sind es noch über 2.100 Kilometer«, lässt uns die Reisemanagerin wissen. Rentierherden lassen sich zwischen dicken Wolken sehen. Über dem Nordkap-Plateau ist es sehr stürmisch. Meine Reisefreundin und ich halten uns aneinander fest, andere können sich auf dem Weg zum Globus, dem Wahrzeichen des Kaps, nicht stabilisieren und stürzen.

Wir sind in Sápmi, dem Siedlungsraum der Samen. Die Samen sind eine sehr alte indigene Bevölkerungsgruppe, die in einem grenzüberschreitenden Gebiet lebt, das von Norwegen über Schweden, Finnland bis nach Russland reicht. Die meisten Samen leben in Norwegen, schätzungsweise 90.000 oder auch mehr. Sie verstehen sich als ein eigenes Volk, das einem räumlichen Gebiet angehört, die Sprache spricht und sich samisch fühlt, mit einer zugehörigen ethnisch-kulturellen Identität. Sie tragen eine bewegte und oft beschwerliche Geschichte, mussten sich Jahrhunderte gegen Diskriminierung behaupten.

In der Nordkaphalle riecht es köstlich nach Waffeln mit Zimt und Zucker, die von Samen gebacken werden. An anderen Ständen verkaufen sie norwegische Wollsachen oder auch Andenken.

Während ich am Abend über die beeindruckenden Gemälde der deutschen Künstlerin Eva Schmutterer sinniere, die es aus Nürnberg nach Honningsvåg verschlug, informiert uns der Kapitän, dass wir wegen der Windstärke 8 nicht den Hafen verlassen werden. Wir sind geduldig beim Abendessen und nach einer Weile legen wir plötzlich und sehr schnell ab. Die Mannschaft auf der Brücke war auf eine Windpause eingestellt und nutzt sie, die Leinen loszulassen. Vier Meter hohe Wellen begleiten uns. Das Schiff schaukelt, manchen Gästen geht es nicht gut. Später auch nicht der Sängerin vom Duo Jazz Affair. Sie und ihr Mann, der Pianist, vergnügen allabendlich mit einem erstaunlich breiten Repertoire ihr Stammpublikum. Eine Großmutter und ihre Enkelin gehören dazu, ein anderer, dessen Frau seekrank in der Kabine liegt und ein Jazz liebendes Paar auch. Tomasz, eine entzückende Diva, ist oft dabei, der Schiffspfarrer ebenso, die Ärztin und ihr Kollege und wir sowieso.

In einer anderen Bar spielt ein weiterer Pianist, in der Pazifik Lounge eine Band. Und das MS Atania Showensemble präsentiert häufig ein abwechselndes Revuespektakel.

Nach einem sonnigen Seetag folgt Trondheim. Ein Stadtbummel durch die engen Gassen der Altstadt Bakklandet mit den pastellfarbenen Holzhäusern bis zur Brücke Gamle Bybro, die über den Fluss Nidelva führt, interessiert mich. Spielende Wale in der glatten, sonnenbeschienenen Wasseroberfläche begleiten uns zum Abendessen.

Wir haben es mit prachtvollen, sonnigen Orten zu tun. Ålesund, die 1904 durch Feuer vernichtete Stadt, erwartet uns mit ihrer danach im Jugendstil errichteten Schönheit. Im Hafen steht die Fridtjof Nansen, eines der Hybrid powered Schiffe der Hurtigruten. Am Abend werden wir von der Diva Tomasz mit ihren Anekdoten und Gesängen verzaubert.

Dann Bergen, die ehemalige Hansestadt für den Handel von Stockfisch und Tran. Im Hanseviertel Bryggen erfahren wir, dass die Hanse vom 12. bis 17. Jahrhundert eine Vereinigung von Kaufleuten für wirtschaftliche, politische und kulturelle Interessen war und die Hansestädte aufgrund von Freihandel zu Reichtum gelangten. Bremen gehörte dazu, und die Hansefarben Rot und Weiß sind uns in Bremen auch vertraut. Die rund 60 in den in Norwegen typischen Hausfarben Rotbraun, Ocker und Weiß gut erhaltenen Holzhäuser in Bryggen gehören zum Weltkulturerbe der UNESCO. Am Ende der Tour fällt mir auf, dass ich seit drei Tagen keine Samen mehr gesehen habe. Ihr Siedlungsgebiet reicht nicht bis in den Süden.

Die Crew Show am Abend läutet das Ende der Reise ein. Doch noch gibt es einen Seetag zum Plaudern und Resümieren. Immer wieder hören wir Gäst:innen, die seit Jahren mit Schiffen reisen und Anbieter vergleichen. Sie schwärmen vom generellen Service auf Phoenix-Schiffen, von der familiären Atmosphäre auf der Artania, von den freundlichen Filipinos und dem exzellenten Restaurant – und fühlen sich hier zu Hause.

Seit Beginn laufen wir auf Deck 4 täglich unsere schnellen 8.000 bis 10.000 Schritte. Einige Kalorien müssen verarbeitet werden. Das Filmteam von der TV-Serie »Verrückt nach Meer« wundert sich nicht mehr, wenn wir plötzlich vor ihrer Kamera stehen. Sie nehmen auf, just by the way.

Zeit für Verabschiedungen, ein paar Treffen noch und letzte Fragen vor dem Ausschiffen in Bremerhaven: »Warum fahren wir unter der Flagge Bahamas?«, fragt meine Reisefreundin. Aufgrund ökonomischer Überlegungen vermuten, wir und denken an den Mindestlohn für das Personal. Die Filipinos und Filipinas, die ich gefragt habe, sind mit ihrem Lohn im Vergleich zu ihrem Heimatland zufrieden. Auf Trinkgeld freuen sich alle.

Meine Kabinennachbarin und ich sind bis zum Ende gute Reisepartnerinnen. Das ist Glück.

Norwegen, Tromsø, im nördlichsten Botanischen Garten der Welt

STÄNDIGES VERÄNDERN

Nicht weil die Dinge schwierig sind,
wagen wir sie nicht
sondern
weil wir sie nicht wagen,
sind sie schwierig.
Seneca

Nachdem wir Jahrzehnte mit Leihwagen und Zelt unterwegs gewesen waren, schien uns für die geplante, mehrjährige Weltreise in unserer Lebenslage nun das Weltauto die beste Reisemöglichkeit zu sein. Alles Notwendige, aber nichts, was wir nicht wirklich brauchten, in ein Auto zu packen und damit gemächlich zu reisen, war unser Traum. Ohne Eile von hier nach dort zu fahren und langsam weiter und weiter hat den Vorteil, Übergänge zu bemerken. Werbeschilder sind oft die ersten Anzeichen. Die Vegetation sieht langsam anders aus. Felder verändern sich, sind anders geformt und mit unbekannten Produkten bepflanzt; Gebäude sehen verschieden aus; Menschen tragen andere Kleidung und Farben und ihre Sprache hört sich fremd an. Das Wetter fühlt sich mitunter ungewohnt an. Der Wohlstand zeigt sein ähnliches

Gesicht, die Armut auch. Langsam begreift man, woanders zu sein.

Oft hatten wir derartige Übergänge, Länderwechsel, Kulturwechsel. Später daheim wussten wir von unserem Wohlstand, denn was wir hatten, war uns genug. Was wir auf Reisen erlebt hatten, war unser Reichtum, genügte aber noch lange nicht. Noch folgten wir den Reisen, die die Sehnsucht nach dem Leben bedeuten. Wir wussten längst, dass Reisen um die Welt der kürzeste Weg zu einem selbst sein kann.

Eine unvorhergesehene Erkrankung hatte unseren Traum zunichte gemacht. Das ernsthafte Bedürfnis, noch einmal an einem Punkt des Lebens zu stehen und einen anderen Weg einschlagen zu können, war verloren.

Immer sahen wir uns im Alter Hand in Hand gehen, unterwegs sein und die Weiten der Welt, ihre Farben und Düfte gemeinsam genießen. Getrennt zu sein, war uns nicht in den Sinn gekommen. Längst weiß ich, dass ich in meinem damaligen Alleinsein die Färbung des Laubes in den Kontinenten und die Gerüche verändert wahrnahm und sich die Borken der Rinden anders anfühlten. Als ob sich ein unsichtbarer Film um mich gelegt hatte, der mich abhielt, so zu empfinden, wie es einmal war.

Er ist nicht mehr da, keine Berührungen mehr, seine Stimme ist verloschen. Die Entfremdung des Gemeinsamen, besonders vom Reisen miteinander, musste akzeptiert werden. Plötzlich war das Alter eingekehrt.

Covid-19 verschärfte alles. Ich wurde zur Gesprächspartnerin auf Zoomdistanz, aber in anderen Kreisen gehöre ich nicht mehr dazu. Ist das inzwischen in unserer Kultur im Altern so üblich, dass man einfach nicht mehr dazugehört? Aussortiert wird? Habe ich den Übergang verpasst, dass sich die persönlichen und historischen Ereignisse meines Lebens, die politischen Geschehnisse und kulturellen Eigenheiten der Literatur und Musik und auch die Verhaltensweisen meiner Zeit verändert haben? Ist das nicht mehr meine Zeit, in der ich jetzt lebe? Ist das die Zeit der Jüngeren, die uns Älteren nicht mehr vertraut ist, die uns befremdet?

Allein daheim vertrocknet erst einmal Geist und Seele. Auch der Körper nimmt Schaden wegen mangelnder Begegnung und Inspiration. Wörter verschwinden, Gedanken zerfetzen.

Ich werde das baldmöglichst ändern.

Kinder der Welt

Was wird bleiben?

Manche Menschen sehen die Dinge,
wie sie sind und fragen: Warum?
Ich erträume Dinge,
die es noch nie gegeben hat, und frage: Warum nicht?
George Bernard Shaw

Bleiben wird die Neugierde auf die Welt, ich habe vieles noch nicht gesehen. Das Erstaunen, dass woanders die meisten Menschen gelassener sind. Der Ärger, wenn die Lebensgrundlage in weiteren Ländern zerstört wird und sich die Weltgemeinschaft nicht einigen kann. Die Trauer, wenn Kinder keine Schulausbildung und Frauen nicht die Rechte bekommen, die ihnen zustehen. Die Wut, wenn Politiker:innen (meistens Männer) meinen, sie müssten andere Gesellschaften demokratisieren und Kriege beginnen.

Die Dankbarkeit, hier zu leben, Freiheit und Selbstbestimmung zu genießen. Ich versuche noch immer, die Welt zu begreifen und wertzuschätzen. Das ist Glück. Auch das frische, gerade aufgeplatzte Grün der Bäume vor dem Haus zu erkennen, auch die feuchte Erde, die ich bepflanze, zu spüren. Im Herbst die Vergänglichkeit zu akzeptieren und die Endlichkeit meines Lebens.

Was auch bleiben wird, sind innere Bilder vergangener Reisen und manchmal Texte aus der Retorte zu schreiben, wenn Reisen nicht möglich sind. Wie dufteten die mächtigen Kauri-Bäume in Neuseeland oder der Silver Tree Fern?

An den erdig-süßlichen Geruch der Flax Flowers, die die Māori Harakeke nennen, erinnere ich mich nun doch. Die langen und schmalen, schilfförmigen Blätter eignen sich zum Flechten, und solche Gebilde gibt es in meiner riesigen Schote mit allerlei getrockneten Naturprodukten aus der Welt. Diese Mitbringsel, jede gedörrte Frucht, jeder Kern, jeder Samen, Federn, verwelkte Pflanzenteile, Kapseln und Schalen sind meine Schätze und Freude.

Was bleibt, so hofften wir damals gemeinsam, wäre die Erfahrung, dass es sich lohnt, sich zu trauen und zu vertrauen, große Touren zu unternehmen. Nicht wie derzeit allein den Erschütterungen des Lebens ausgeliefert zu sein, zu wissen, dass wir über die Farben und die Düfte der Welt, über die Giganten im Redwood-Nationalpark im Westen Kaliforniens, die auf uns warten, uns nicht mehr austauschen werden und ahnen, dass vieles ungelebt sein wird.

Oder doch, wenn es wieder möglich wird, das Reisen, nach Matthias Claudius davon auszugehen: Wenn jemand eine Reise tut, so kann er was erzählen, drum nehm ich meinen Stock und Hut und tät das Reisen (wieder) wählen.

Später daheim. »Das Leben geht weiter«, sagt der Lärm. »Und über allem weltlichen Getöse ist noch das Rauschen der Baumwipfel, das Flüstern der Blätter, das in Fetzen hinübergewehte Straßengeräusch der Großstadt. Der Wind treibt Wolken über den Himmel, Sonne und Schatten ziehen abwechselnd über mich, mal frösteln die Schultern, mal brennen sie. Zu unseren Breiten gehört auch, dass man nie sicher sein kann, ob man schwitzt oder friert und nass wird.«[45]

Das wird bleiben.

Und das Reisen. Denn, nach K. Tucholsky: Reisen ist die Sehnsucht nach dem Leben.

Anmerkungen

---

[1] Film: Fabian. Der Gang vor die Hunde, nach Erich Kästners 1931 erschienen Roman Fabian – Die Geschichte eines Moralisten

[2] B. Hecht-El Minshawi: Haiku 1

[3] J. Muir: Schottischer US-Amerikanischer Natur-Philosoph, 1838– 1914

[4] https://www.atmosfair.de/de/

[5] B. Hecht-El Minshawi: Es war einmal, Bouquet Spezial, 2021

6 Ch. Schacht: Mit 50 Euro um die Welt – Wie ich mit wenig in der Tasche loszog und als reicher Mensch zurückkam, 2019

[7] https://www.stepmap.de/karte/globaler-sueden-globaler-norden-V7WKiFRkie

[8] https://www.oxfam.de/presse/pressemitteilungen/2019-12-02-klimakrise-zwingt-jaehrlich-20-millionen-menschen-flucht

[9] https://www.bmz.de/de/ministerium/grundsaetze-ziele

[10] https://www.un.org/ga/search/view_doc.asp?symbol=A/RES/70/1&Lang=E

[11] https://www.welthungerhilfe.de/informieren/themen/politik-veraendern/17-sustainable-development-goals-bis-2030/?wc=DGGRAN1000

[12] Ph. Laage: Reisen mit Nostalgie-Faktor, Weser-Kurier, 29.05.2021

[13] Vanguard Stationery, The Shortest Way to Yourself Is Around the World, Createspace Independent Publishing, 2018

[14] Lernidee, Berlin

[15] Ch. Schacht: Mit 50 Euro um die Welt – Wie ich mit wenig in der Tasche loszog und als reicher Mensch zurückkam, 2019

[16] B. Hecht-El Minshawi: Mehr Afrika geht nicht, Welt am Sonntag, 14.11.2020

[17] B. Hecht-El Minshawi: Luftsprünge und Lebenswurzeln, Helmer Verlag, 2008

[18] https://www.auswaertiges-amt.de/de/aussenpolitik/laender/suedafrika-node/suedafrika/208382

[19] https://de.wikipedia.org/wiki/City_of_Cape_Town_Metropolitan_Municipality#Bevölkerungsgruppen

[20] Medico International: Welt der Zumutungen, Rundschreiben 01/21

[21] UN World Food Programme (WFP)

[22] Kasolowsky, Nadja: Die Lebenssituation afrikanischer Frauen unter dem Klimawandel, Solidarische Welt, Februar 2021

[23] B. Hecht-El Minshawi: Adieu. Ein langes Gespräch, Omnino Verlag, 2019

[24] Ch. Schacht: Mit 50 Euro um die Welt – Wie ich mit wenig in der Tasche loszog und als reicher Mensch zurückkam, 2019

[25] B. Hecht-El Minshawi: Einmal quer durch Amerika. Eine Zugreise von New York bis nach San Francisco führt durch Berge, Wälder, Getreidefelder und Städte – und zu alten Bekannten, Weser-Kurier, 30.5. 2020

[26] B. Hecht-El Minshawi: Adieu. Ein langes Gespräch, Omnino Verlag, 2019

[27] B. Hecht-El Minshawi: Japan zwischen Hightech und Zen. Eine Reise zu einem Volk mit geheimnisvoller Seele, Weser-Kurier, 7.11.2020

[28] B. Hecht-El Minshawi: Haiku 2

[29] Ch. Schacht: Mit 50 Euro um die Welt – Wie ich mit wenig in der Tasche loszog und als reicher Mensch zurückkam, 2019

[30] A. de Botton: Die Kunst des Reisens, Fischer Taschenbuch Verlag, Frankfurt, 2013

[31] W. Schmid: Heimat finden. Vom Leben in einer ungewissen Welt, Suhrkamp, 2021

[32] W. Schmid: Heimat finden. https://vbg.arbeiterkammer.at/service/audioundvideo/WissenfuersLeben/2021/Wilhelm_Schmid-_Heimat_finden.html, 2021

[34] B. Hecht-El Minshawi: Haiku 3

[35] https://de.wikipedia.org/wiki/Ombra_della_sera

[36] B. Hecht-El Minshawi: Luftsprünge und Lebenswurzeln, Helmer Verlag, 2008

[37] B. Hecht-El Minshawi: Haiku 4

[38] B. Hecht-El Minshawi: Das Art Déco Festival in Napier, Weser-Kurier, 8. Mai 2021

[39] B. Hecht-El Minshawi: In der Republik Whangamomona, Weser-Kurier, 30. Januar 2021
[40] B. Hecht-El Minshawi: Haiku 5, nach Edna Millay
[41] B. Hecht-El Minshawi: Als Blitze den Lebensweg veränderten, Weser-Kurier, 29. August 2020
[42] B. Hecht-El Minshawi: Haiku 6
[43] https://www.lexas.de/ozeane/meere.aspx
[44] M. Politycki: Schrecklich schön und weit und wild, Hoffmann und Campe, 2017
[45] Quelle mir unbekannt